U0479336

FOR THE BETTER
EDUCATION

为了更好的教育

李镇西 著

江西教育出版社
·南昌·

赣版权登字-02-2022-434
版权所有 侵权必究

图书在版编目（CIP）数据

为了更好的教育 / 李镇西著. -- 南昌：江西教育出版社, 2022.9（2023.5 重印）
　ISBN 978-7-5705-3251-3

Ⅰ.①为… Ⅱ.①李… Ⅲ.①教育-文集 Ⅳ.①G4-53

中国版本图书馆CIP数据核字（2022）第151601号

为了更好的教育
WEILE GENGHAO DE JIAOYU

李镇西　著

江西教育出版社出版
（南昌市学府大道299号　邮编：330038）

出 品 人：熊　炽
责任编辑：夏荣华

各地新华书店经销
南昌市红黄蓝印刷有限公司印刷
720毫米×1000毫米　　16开本　　15印张　　205千字
2022年9月第1版　　2023年5月第3次印刷

ISBN 978-7-5705-3251-3
定价：46.00元

赣教版图书如有印装质量问题，请向我社调换　电话：0791-86710427
总编室电话：0791-86705643　　编辑部电话：0791-86708350
投稿邮箱：JXJYCBS@163.com　　网址：http://www.jxeph.com

自序：反复言说常识

曾有人问国内一位大师级的先生："您是如何成长为学界泰斗的？"

大师摸了摸他的飘飘胡须，说："嗨，在中国，稍微有点学问的人，只要身体足够好，年龄大了，自然就成为'一代宗师'了。"

这当然是自谦与调侃。

但也说明一个客观事实，就是中国有尊老的传统。一个人只要年长，自然会收获许多名不副实的荣誉。比如我，现在总被人叫"著名专家"，有时候甚至还被叫"教育家"，我实在是愧不敢当。我无非就是当老师的年头长一些。当然，还写了些比较受欢迎的书。

我这绝不是虚心，而是心虚。

在我看来，教育家至少要有原创性的教育理论，而且自成体系。但我没有，一点都没有。

从教四十年，我只做了两件事：第一，在行动上，持续不断地践行陶行知、苏霍姆林斯基等教育家的思想，将他们的理念落实于我的课堂与班级；第二，在思想上，坚持不懈地理解教育常识，而且不断言说这些常识，尽我所能让更多的人知道这些常识。

比如，真正的教育总是爱心和智慧缺一不可；又比如，有效的教育只能"一把钥匙开一把锁"；再比如，最好的教就是让学生学会学，最好的学就是让学生给别人讲……这些道理深奥吗？不深奥。因为常识总是很朴素的。我觉得，我一直在践行这些常识，一点都不自卑。我从不认为我没有"原创"的"模式"就很"丢脸"。

常识也包括前人所总结提炼的闪烁着真理光芒的思想和做法。比如孔子的"因材施教",陶行知的"教学做合一",苏霍姆林斯基的"教育,这首先是人学"……如果我能够在自己的每一堂课上将这些常识变成我的教学行为,这不很有价值吗?没有"创新"、没有"特色"、没有"突破"……有什么关系呢?

比知识更重要的是见识,而比见识更重要的是常识——而尊重常识,则是最大的常识。

我一直认为,虽然教育技术早已今非昔比,但若论教育思想,很难说今天的我们会比孔子、苏格拉底、卢梭、蔡元培、陶行知……更高明更深刻。或者,我干脆偏激一点说,教育最根本的道理,"孔子们""卢梭们"都已经说尽了!

当然,为了不把话说绝,我就加个"几乎"吧——教育的真谛,教育先贤们几乎已经说完,留给我们"创新"的空间实在不多了,落在我们身上的任务不是"创新",而是把常识变成日常教育行为。

从某种意义上说,遵守常识比不断创新更重要。因为没有创新,最多是停滞不前;而抛弃了常识则可能南辕北辙,甚至溃退千里。常识往往体现出某种规律性,这是常识的生命力所在。而违背教育常识,违反教育规律,往往会给教育造成灾难性的后果。这样的教训还少吗?

本书所谈,皆为常识。凡是企图从我这本小册子中找到"新思想""新理念""新举措""新模式"的人一定会失望的。但离开了常识,所有的"新思想""新理念""新举措""新模式"除了装腔作势吓唬人,没有任何意义。

人类的进步当然需要不断创新,但创新的基础是遵守常识。教育也是如此。呼唤更多的教育者坚守常识,传播常识,这是我多年来所孜孜不倦的行动,也是这本书的意义所在。

2022 年 6 月 28 日

目录

对 话

DUIHUA

教师的真本领是把最差的学生教好
　　——拜访于漪老师 / 003

"我做的只是教育本来的样子！"
　　——与范家小学张平原校长一席谈 / 013

这里每一个孩子都舍不得离去
　　——再访丑小鸭中学 / 030

"我很热爱班主任工作，可我几乎无法坚持下去了……"
　　——和马老师的聊天记录 / 053

教育，请别与孩子为敌 / 063

告 白

GAOBAI

您有过职业倦怠吗？
　　——兼谈我最适合的角色是教师而非校长 / 073

写给《班主任》的第一封"情书" / 077

我的教育经历错误不断，伤痕累累 / 084

童心不可欺 / 087

假如我当年高考失败 / 090

我也曾经抄过别人的书 / 094

特级教师练摊儿记 / 099

不做"意见领袖"，不为"圈粉"写作 / 106

时评

SHIPING

学校不是无限责任公司
——十问龙里县教育局 / 113

凭什么要教师"背锅"？
——再谈龙里欺凌事件的处理，兼议学校的责任与法规的边界 / 115

孩子可以放过，但其父不能轻易原谅
——对某科技大赛"获奖"小学生父亲《情况说明》的点评 / 118

别"持续"了，干脆取消吧！
——对《关于全国青少年科技创新大赛获奖项目相关情况的声明》的点评 / 123

你有写作的自由，我有不读的权利
——看那篇有争议的高考满分作文 / 127

一个人要善良正直地活下去都很艰难，这是哪儿出了问题？/ 134

同行被害，我们能够做什么？/ 137

直 言   ZHIYAN

有时候，教师不经意的话语或眼神对学生的伤害
不亚于体罚与辱骂 / 143

恕我直言，你是好人，但不适合当老师 / 148

动辄骂孩子"你真笨"的老师和家长，建议去学考驾照 / 154

别动辄"集团化办学" / 156

没有"情商"，只有善良 / 158

教书人不读书，这是中国教育的致命隐患 / 162

无论是"差生"还是"优生"都要善待 / 166

喜欢骂老师的校长不是好校长 / 171

爱抱怨的老师很难获得职业幸福 / 174

最可怕的不是有这么假的照片，而是大家都习惯了 / 179

辨 析

素质教育妨碍高考成绩吗？/ 185

所谓"教育"，就是想要孩子有的，我们先得有 / 191

为应试教育大唱赞歌，就是对人民的犯罪！/ 195

许多"改革""创新"，不过是恢复常识，回到起点而已 / 198

名校再多，孩子睡眠不足等于零
——我在市人大小组会上的发言 / 200

"全面发展"不等于门门功课 100 分 / 205

自由，是教育创新的前提条件 / 212

难道我们真的被应试教育逼到死角了吗？/ 217

素质教育堵死了贫寒子弟上升的唯一通道吗？/ 224

后记 / 230

D 对 话
DUIHUA

教育者以真诚去唤醒孩子的真诚，并给孩子以真实的而不是虚假的教育，同时教育学生成为一个真实的人。教育者以自己的善良之心培养善良的人，用爱滋润爱。

教师的真本领是把最差的学生教好

——拜访于漪老师

现在人们时兴把自己崇拜的女性称作"女神",而于漪老师就是我心中真正的"女神"。

于漪老师荣获党中央、国务院授予的改革开放四十周年"改革先锋"荣誉称号,是唯一获此殊荣的基础教育工作者。我和许多老师都为她高兴,都觉得她当之无愧。

但我视于漪老师为"女神",与这个荣誉没有关系。我曾在一篇写她的文章中引用程红兵的话:"于漪老师心里全是孩子,她的希望全在青年教师!"是的,于漪老师对年轻教师的帮助、提携是不遗余力的。我曾经写过一篇《于漪老师的风范》,记录了她对我的关心与帮助。

这就是我敬仰于漪老师的原因。

2019年2月26日,我和高万祥老师一起去于漪老师家里看望她。这是我第二次去于老师家,上次是1999年夏天和程红兵一起去的——距今刚好20年。当然,20年间,我也不止一次在一些会议或学术活动中见到于老师,时不时给她电话问候,但这样面对面的长时间聊天,机会并不多。

那天阳光很好,于老师的精神更好,特别是脸上的笑容,依然亲切慈祥,如阳光般温和。

我把拙著《爱心与教育》精装本赠送于漪老师,她说:"我读过,这是一本很好的书。"

于老师请我们在客厅沙发坐下。

"于老师,我记得您这个月上旬刚满90周岁,可您看起来完全不像90岁的人啊!"我说。

高万祥老师也说:"于老师,完全不是我想象中的九旬老人!"

我们聊了起来,于老师思维清晰,反应敏捷,激情洋溢。

我们的聊天是漫无边际的,但主题都是教育。于老师说:"一说到教育,我就来精神。呵呵!"

我问:"于老师,您爸爸妈妈是从事什么职业的呀?"

她说:"我妈妈没什么文化,就是个家庭妇女;我爸爸文化程度也不高,是做小生意的。"

"啊?"我和高万祥都很吃惊。我说:"我还以为于老师是书香门第出身呢!"

她说:"我十四岁的时候,爸爸就因病去世了,妈妈一个人带着我们生活。苦啊!"

我问她有兄弟姐妹几个,于老师说:"五个。我是老大,下面有三个弟弟,最小的是妹妹,妹妹比我小十多岁。"

可以想象于老师少年时家庭的艰难!"是很苦啊!又是抗战的年代,兵荒马乱,我们到处逃难。几十年风风雨雨不容易,真的很难。"于老师说。

高万祥老师问:"您的弟弟妹妹后来怎样了呢?"

于老师说:"我的大弟是浙大教授,博导;二弟也是教授,后来当了北大副校长;小弟在中科院,是两院院士;妹妹也是浙大教授,曾任浙江省科技厅的副厅长。"

我们都惊叫起来:"天啊!于老师兄弟姐妹五个全是精英啊!"

我说:"于老师,您和弟弟妹妹们五个人,全是大师啊!"

高万祥说:"您爸爸妈妈培养得好啊!"

于老师说:"其实,我父母并不懂得什么家庭教育的理论,就是做好人,我们跟着学。"

我说："您母亲太了不起了！"

于老师说："她也说不出什么大道理，就告诉我们，第一，要善良；第二，要忍让，多想着别人。就这么简单。现在的家庭教育越弄越复杂，这个理论那个原则的。其实，家庭教育就是家长做好自己，给孩子示范。就这么简单！"

我们祝贺于漪老师荣获"改革先锋"的荣誉称号，她说："这个我事先不知道的，完全不知道。是他们给我报上去的。"

我说："于老师您当之无愧。"

于老师说："我是从来不炒作自己的，我也不要任何人炒作的。我就想老老实实做个老师，把学生教出来。我的想法就是这样的，非常简单。我爱人老是讲，人家太不了解你了，其实你这个人很简单、很天真，一天到晚完全是学生，除了学生就没有其他了。因为人家家长把孩子交给你教，你要对他们负责啊！"

我说："这是一个良知，没有多高深的理论。"

"是的。其实我早就讲了，教师的活是良心的活。你就这样老老实实，人家的小孩交给你，你要对人家负责任啊，你不能马马虎虎的，不能骗人啊！"于老师说，"我也教高三、初三。当然，初三教得很少，就教过两次，我大量的时间是在教高中，我从来不搞花架子，要教出真的人才。学生现在那么不喜欢语文课，这个将来怎么得了？"

我说："我们的语文课就是越上学生越不喜欢。他们自己读书倒还有兴趣的，你上语文课他却没有兴趣了。"

"对呀，你上课一定要上得让学生非常喜欢的。"于老师说。

高万祥问："那你们'改革先锋'有没有奖金？"

于老师说："现在不知道。那年'教书育人楷模'就奖了一台电脑呀！不过上次上海市政府给我一个大奖是有奖金的，我是上海唯一一个获得教育事业杰出贡献奖的。它实际上是对基础教育的一个肯定。这次是有奖金的，但我捐了。"

我和高万祥问:"有多少奖金?"

"二十万。"于老师回答。

我说:"噢,二十万对于老师您这样的杰出贡献者来说也不多。"

于老师解释说:"我为什么要捐了呢?因为捐了我就心安了。我捐给了中小学幼儿教师奖励基金会,因为中小学幼儿教师奖励基金会是会奖励到教师的。"

说到教师,于老师说:"教师的真本领是把最差的学生教好。我就一个意思,即使是最乱的班,最乱的年级,最乱的学校,我都要把它带好。实际上最乱的班让人苦不堪言,付出太多,所以我一直都是超负荷的。那年有一个乱得全校没有办法上课的班,我去把这个班带下来。后来,带下来的这个班的学生百分之一百考上大学,一个班全是研究生,我就这点本领。"

说到这里,于老师非常开心地哈哈大笑。她为自己自豪。

高万祥说:"了不起啊,于老师!"

于老师说:"就是把学生教出来,得改变他们的命运啊。他们成功了不是我的功劳,首先是他们自己的努力奋斗,我不过是创造条件。我当时很难啊,'文革'讲斗争,斗得很厉害啊!但我因为教高中嘛,我带这个乱班,我还是要抓学习。那我怎么抓学习呢?我第一抓语文,因为教材问题,有的文章不让讲,那我就把孩子组织起来,讲《共产党宣言》,一句一句讲,就等于教语文,又是语文知识又是政治理论,所以后来孩子考上大学是没有问题的。"

高万祥说:"现在学生负担太重,方向不对,拼命做题,这些问题很严重。学生辛苦,家长也苦死了。"

说到这个话题,于老师又滔滔不绝:"我在很早之前就讲过了,呼吁要减轻学生负担。当时开教育会议,我就说我来讲问题,我当时其实讲得非常重。我说我们现在是轰轰烈烈的素质教育,扎扎实实的应试教育。我说,我们不能办没有灵魂的教育。我讲得很重啊,我说我们现在的教育是什么呢,叫育分不育人,求学不读书。我又讲,我们现在所有的学科教学,基本上都是失魂落魄!"

我忍不住说:"对,是没有灵魂的教育。"

"是呀!比如,学生为什么不喜欢语文课?关于语文,我不知道得罪了多少人了。语文就是工具吗?仅仅是学语法之内的知识吗?我语法一天也没有学过,但是我写文章写到现在。最近,我还出了一套全集。我本来也没想过出什么全集,春节,上海市新任的市长来看我,说:'于老师你的东西很多,我们帮你出全集。'"

说着,于老师带我们看她书橱里的全集。

然后她继续这个话题说下去:"这个语文教学中真的是有很多问题,我们教给学生的很多东西是没有用的,我们把语文能力跟语言知识等同起来,这是不行的!脱离了实际,剥离了生活,死记硬背,这哪是语文啊?我们读书的时候为什么可以写得很好,实际上就是自己读书。我小时候没有书读了就去借书读,同学有本书我去借来读,第二天要还的,就看个通宵。就是这样的,我是小说迷。书读多了,实际上就通了。那时候老师教什么语法啊,没有讲的!我不是说语法不好,适当讲一点语言规律也可以的。但不要把语文讲成语言知识,语文重点是文化。"

于老师又谈到她当校长时对老师的培养:"其实老师呢,你要根据这个老师的特点来培养,我培养了几代特级教师,不是你要他来顺你,一个人一个样,要根据他的特点来引导。"

聊到学术腐败,于老师说到了一个"新概念"——"真的假文凭"。她说:"文凭是真的,但它是真的假文凭,因为没有含金量,看着是博士文凭,其实没学什么东西,一看就是假博士!"

我说:"于老师这句话说得太精辟了,'真的假文凭'比假的真文凭还可怕。"

聊着聊着,已经中午了,于老师说请我们吃饭,她说不远,就在附近一家餐馆。于是，我们和于老师下楼走出小区。

饭桌上，于老师不停给我夹菜，她说："没辣椒，你吃不好吧？"

我说："很好很好，没辣椒的菜也很有味道。"

我们一边吃，一边继续说教育。说到语文教学，于老师说："应该重视语文的人文性。你想想看，语文是工具，但工具里头有内容的呀！我们现在却只有工具，这个怎么行呀？"

我们关心于老师的身体。我问："于老师，您看起来真的身体很好。"她说："我其实身体并不好，我其他都不行，就只有脑子还行。"

我说："您思路很清晰。"

她也不谦虚，笑了："对对，反应很快呢。我是一讲到教育的话题上来精神就很好。哈哈！"

说到家庭教育，我说："于老师和弟弟妹妹个个都是栋梁精英，再次说明，一个孩子的成长首先得益于家庭，其次才是学校，学校教育很重要，但是第一重要的是家庭教育。"

于老师说："对的，家庭教育是管孩子一些做人的细节，就是做人。这主要是靠家长的言传身教嘛！"

我说："可现在恰恰是把家庭教育当成一种技术了。"

于老师点头："对的，家庭教育不是纯粹的技术，而是父母的为人。"

我说："一旦把家庭教育仅仅当成理论和技术，就恰恰没有家庭教育了。于老师您的父母，不要说家庭教育的理论，连一般的文化知识也不是很多，但是他们自己怎么做人的，就是怎样的家庭教育。所以最好的家庭教育是父母把自己做好，做最好的家长。现在的家庭教育说教比较严重，家长给孩子说要怎么做怎么做，但是家长自己做不到。比如要求孩子读书，家长从来不读书。叫孩子别睡懒觉，家长自己睡懒觉，还对孩子说你不要跟我比。所以最好的家庭教育是家长把自己做好。"

于老师说："其实老师的教育也是这样的，你说复杂也复杂，说简单也简单，你教学生做到的，你自己首先要做到。自己不做，教学生去做，这怎么行呢？"

我说："我当校长时给老师们说过两句话——最好的教育莫过于感染，最好的管理莫过于示范。"

于老师非常认可我这两句话："精辟！最好的管理莫过于示范！比如当年我带一个乱班，6点钟开始军训，我一定5点50分在操场上等他们，我绝对不会迟到。你如果迟到，就等于告诉学生规矩是没有用的。做事一定要认真，这也是给学生做示范。你给学生改作业，你就打个'阅'，那怎么行？当然，现在有的老师连'阅'都不写了，觉得太累了。"

我说："网上有句话说家庭教育的，这句话批评家长说得很刻薄——自己一摊淤泥，却恨铁不成钢！其实非常精辟。就像有些干部在台上说反腐说得头头是道，自己私下却在搞腐败。"

于老师笑了："对对，自己一摊淤泥……哎！我搞不清楚那些搞腐败的人要那么多钱干什么，又不愁吃穿，我简直不能理解这种腐败的人的思维是怎么回事！"

高万祥说："这是人性的贪婪！"

于老师说："知法犯法啊！学习知识本来是明道理的，这些贪官说的跟做的差得太远了！我觉得，那种在台上说得头头是道的人是很滑稽的，他们怎么好意思呢？我觉得你自己没有做到的事情，你却说得那么一本正经，你心不慌吗？讲一套做一套，怎么想得出来呢？"

我说："贪官有一个特点，就是他们的心理素质特别好。其实就是脸皮厚！"

高万祥说："虚伪的教育培养了虚伪的学生，人格分裂。"

我说："陶行知当年一直强调做真教育，说千教万教教人求真，千学万学学做真人。"

于老师说："我早就讲过，我说教育虚假，就是最大的腐败。我原来住的公寓附近有一所小学，经常听到大喇叭里说，要做好啊，明天上级要来检查啊！那时候我就想，为什么要应付检查才做好呢？如果不检查，就不做好吗？以前我做校长，任何领导来，我从来没有叫老师和学生要特别做好，我不会刻意地为应付领导而做什么事情，没有的！你该怎么样就怎么样。领导来了做表面文章，这个就是虚假的。就算领导发现了我学校有问题，我就承认问题，哪个单位没有问题？对吧？面对问题，逐步改进，这才是教育嘛。十全十美，那就是胡说八道了。"

高万祥："社会主义核心价值观里面有一个词语叫'诚信'，要求小学生背诵。"

于老师说："'诚'就是要真诚、真信。你不能虚假，你对学生也是一样啊，要以心换心。"

我问于老师："您睡眠好吗？"

于老师说："不好，但是我心态好，我碰到任何事情都不会着急的。"

"您锻炼吗？"我又问。

于老师说："原来散散步，会走走的，现在身体发病就不走了。但我一讲教育，什么病都没有了。其实生病也就这么回事，没什么好怕的。"

我说："以后我到上海来，时间充裕我就来看您。在我们这个年龄段的教育人，对于老师您都是很敬重的。"

于老师说："嗨呀，我就是年长呀！"

高万祥说："虽然没有机会做您的学生，但是我们把您当作恩师，当作母亲一样，于老师！"

于老师又说："现在教师地位比过去好多了。八十年代，当时教师没有地位到了什么程度呢？那时候单位人员刚开始可以流动，报上就公布人员流动的相关政策，但其中特别注明，环卫工人和中小学教师不包括在内。也就是说，其他单位的人都可以流动，可环卫工人和中小学教师不准流动。我一看就生气，拿了这张报纸给市委第一书记陈国栋看，我说用这个来阻止教师流动这是伤人心的！我不是看不起环卫工人，社会主义国家嘛，行行出状元。但是'文革'才过去几年，我们还记得'文革'期间说教师就是'臭老九'，那么我就对他讲，'文革'当中的'斯文''扫地'，现在却是'斯文'不如'扫地'！那个单位人员流动的消息就发表在《解放日报》上，这是党报啊！陈国栋马上说，不能这样。"

高万祥说："社会上流传的'斯文不如扫地'原来就是您说的？'斯文''扫地'，教师和环卫工人。"

于老师说："是的，就是我说的。因此，我说一定要成立教师学术委员会，要捍卫我们的地位，当时很难啊，是市委宣传部批的，因为是民办的，然后就是要找各个地方的人。他们听了我讲这个原因就批准了，成立了教师学术委员会，实际上是为了基础教育教师的地位。这样就有了学术地位，培养了很多人，教育归根到底要培养人嘛，包括培养青年教师啊！人家耽误不起，我们现在很多学校是校长很有名，教师却没有名，那这个校长是怎么做的？校长一大堆的官衔，教师却什么都没有。当校长，一定要海纳百川，不能只顾自己把别人排挤掉，这怎么可以呢？应该百花齐放，这才对嘛！教师是学校的顶梁柱啊，人家耽误不起的，就那么二三十年啊，一晃就过去了。学校培养不出优秀教师，那校长干吗的？我当校长的时候，我们学校的语文组连我一共七个特级教师，就是我一个一个培养的。三代啊，我根据他们的特点来培养。"

我说："一个教研组，七个特级教师！可能这个在全国都是绝无仅有的。"

于老师自豪地说："是的，没有的。"

我说："关键是这七个特级教师都是您自己培养的，不是说从外边调来的。现在有的学校也有很多特级教师，但大多是人才引进。"

于老师："都是我自己培养的。各有特点，我就根据老师的特点来培养。有一个书法教师，现在是书法家了，是上海唯一的一个书法特级教师。他的毛笔字当时写得并不怎么样，但是他一天到晚喜欢写字，我说你就专门搞硬笔书法吧！把硬笔书法的写作规律搞出来，然后教学生，所以当时我那里的学生全是一手好字。他成功了，现在是书法家了。他当初就是一个普通的老师，我看他喜欢写字，因此我就给他创造了许多条件，包括到电视台啊、各个学校啊去讲。所以，我就是讲教师要培养的，校长要培养教师，要对得起他们。"

于老师的肺腑之言，她对年轻教师发自内心的爱，她博大的胸襟，让我们特别感动。

临别的时候，我对于老师说："于老师，您多保重！以后我每年至少来看您一次！"

高万祥说："下次镇西到于老师家，提前通知我。我们一起来看于老师！"

2019 年 3 月 6 日

"我做的只是教育本来的样子！"

——与范家小学张平原校长一席谈

一

尽管范家小学三四年前就有媒体报道了，但真正出名是源于 2018 年最后一晚罗振宇的跨年演讲。

在演讲中，罗振宇提到了中国两所学校——北京十一学校和广元范家小学。北京十一学校已名满天下，广元范家小学却鲜为人知。在罗振宇的眼里，范家小学的孩子虽然地处大山，远离在外打工的父母，却是最快乐而自信的孩子；而校长张平原的教育才是真正回归了教育的本质。

"所有最先锋的教育理念在这所山区小学都能看到。"罗振宇如此评价范家小学。

真的吗？我决定去看看。

那天是 2019 年 10 月 31 日。早晨 7 点，从成都坐两个小时的动车到广元，然后在绿水青山的陪伴下坐一个小时汽车，便看到一个精致的校园坐落于公路旁。范家小学到了。

的确"精致"。学校面积不大，估计不到 6 亩；右侧和正面是两栋相连的粉红色的三层楼，这是学校的主体建筑，办公和教学都在里面了。左面有一幢平房，上有"美味斋"三个字，想必就是食堂了。进门的右边是一个由不锈钢栅栏围成的小空间，这是小巧玲珑的幼儿园；左边有同样小巧玲珑的亭子和长廊，古色古香。

剩下的就是校园正中的一块操场，铺着绿色的人造草坪。树下有篮球架和乒乓球桌。几棵银杏树将金黄的落叶撒在绿色的地面上，格外耀眼，树枝上还颤抖着一些叶子，依然顽强地燃烧着自己最后的生命。操场边的花台上，同样金灿灿的菊花默默地绽放着芳华。

张平原校长到校门口迎接我们。他满脸真诚而朴实的笑容，紧紧握着我的手，说："李老师，我在1995年就听过你的报告了。"我很吃惊："原来我俩早就见过面啊！"

我拿出两本书——《爱心与教育》和《教育的100种语言》作为见面礼送给平原，他不住地说"谢谢"，然后领着我们进入教学楼。

张校长先带我们四处转了转，各班孩子们正在上课，我们不好进教室打扰，在门边往里面看。每个班的孩子都很少，一般就十来个学生，最多的有14个，最少的有6个。孩子们都围坐在一起，很自由放松地或自己看书，或同伴讨论，也有老师讲课，但不多。我觉得我走进了我去过的美国课堂或丹麦课堂。

不一会儿，下课了。孩子们呼啦啦地跑到操场，在老师的带领下绕着操场跑步。每个班都是一个老师带几个学生，就像老鹰捉小鸡的队伍，很是有趣。

趁这会儿教室里没人，我们走进教室去看看。每间教室都有一个醒目的书柜，里面放着各类图书。在一间教室里，我还看到桌面上放着《西游记》，每个桌位上都有一本。每本书旁边还放着一张已经画好或还没画完的"三打白骨精"思维导图。

二

学生又上课了。我来到张校长的办公室坐了下来。不大的办公室有些局促，我和他面对面坐着，颇有"促膝"谈心的感觉。我们随意而散漫地聊了起来。

我问他："学校除了完成国家规定的课程，还有哪些是你们自己开发的课程？"

他说:"那就多了。我们有乐器课程,包括二胡课程、琵琶课程、竖笛课程;有体育课程,包括校园足球、乒乓球;有美育课程,包括书法、美术工作坊、戏剧工作坊;有乡土课程,包括植物考察、社会调查、人物访谈、植物种植等。我们周围都是大山,正好让孩子们到大自然中去观察自然、体验自然。"

我说:"这么多课程,的确很丰富啊!"

"还有项目课程,比如'美丽的花''神奇的豆''大米飘香''善变的叶''村里的水源'等。孩子们去考察小水电站,了解小水电站是如何发电的。他们还去调查童谣,这些童谣几乎失传了,他们调查了十几首,还有家乡的小甑酒,他们还根据小甑酒的酿制原理做醪糟,全校每个同学都吃了,还带一大瓶回家给亲人分享。我们也请村里的老草药先生教我们的孩子认识草药,了解常见草药的性状……"

我说:"太有意思了。你们这些都是城里的孩子没有的资源,但你却将这些看起来很普通的资源当成了课程资源。"

张校长说:"我们就是想通过这些课程,激发学生对身边事物的兴趣。如果学生对身边的事物没有深入的了解,他就不会感兴趣,也就没有了好奇心和家乡情感,那我们培养的人还有什么意思呢?整个周三下午,我们都搞乡土课程,不同的项目组,考察不同的项目。比如,考察文昌宫的变迁——怎么到我们村来的?为什么那么多人去祭拜?对村里有什么影响?还有考察村里的老井到哪里去了。"

"你搞这么多有趣的课程,上面对你们学校没有教学成绩方面的考核吗?"我问。

他说:"我们区教育局对教学情况也是要考核的,不过只考核六年级的毕业成绩,不会公布成绩状况,也不会对后几名的学校进行点名批评。虽然看起来没有别的地方那么严厉,但利州区已经连续十年名列全市前列了。市教育局每年度会抽考一个年级,但只作为教学质量监测,也不拿成绩说事。"

我追问:"范家小学的情况怎么样呢?"

他说:"全区45所学校(小学),我们范家小学最好的时候,单科排在第七八名,一般情况是十三四名的样子。"

这有点出乎我的意料,不禁赞叹:"相当不错了。"

但他却说:"其实比分数是很不合理的。我们是所有适龄儿童必须无条件全部收下,包括残障儿童,这是义务教育法规定的。有时候遇到一两个成绩不好的,就把我们平均分拉下去了。"

张校长继续说:"一个好的学校,本来就不应该选择学生。当然,我现在也没有资格选择好生源,即便将来我有了资格选择生源,我也只按照招生规定,优先接收本地学生,班级人数超过20人,就不能再接收了,因为这是一个老师照管学生的最高限度。"

我完全理解张校长的心情,也钦佩他的正直。

三

我由衷地说:"和许多学校相比,你首先关注的是孩子的幸福。我想到苏霍姆林斯基说过一句话,任何大纲教材都有一样没有规定,那就是孩子的幸福。"

他说:"是的,我更关注的是娃儿的生命状态。"

"但你所做的并不是所谓'改革',也不是所谓'创新',只是回到教育本来的状态。"我说。

"对对对!"他说,"上次一家报纸的记者问我,你们学校有哪些创新?我一时竟然说不出来,其实,我也没有想怎么去创新。我只是天天看着孩子就可以了,我看着他,觉得在哪里不适合他,我就做调整,让教育、管理和评价更加适合他。就这么简单!"

每天看着孩子,随时调整教育的方式与策略以适应孩子。张校长的话朴实而深刻。

他接着说:"为了更加适应学生成长,我们学校在教学与成长方面尽量避免竞争性评价。"

"你们不评优吗?"我问。

"当然要有评优,但我们不是从几个孩子中选一个出来,而是在开学的时候,让每一个学生根据学校提供的成长目标选择一个或两个目标,也可以自己拟定一个成长目标,定好目标后,再把目标的定义权交给学生,让学生自己拟定或者跟老师商量达成目标的措施办法。之后,学生自己朝这个目标去做,老师在这过程中努力协助他朝目标走。"

我问:"你们平时的考试也不评比吗?"

他说:"我们在学习上也尽量避免竞争性评比。我们的学业监测有三次机会,第一次没考好,可以考第二次,第二次没有考好还可以考第三次,以最好的那次成绩作为报告成绩。学生考试得多少分与老师的绩效没有关系,这样老师就安安心心地去教书,他不会漏题,不会弄虚作假。我们考试唯一的目的,就是了解娃娃还有哪些地方没有掌握好,老师赶紧想办法去弥补,而不是给他一个定性的评价。人有无限多的可能,现在的分数并不能决定他的未来。"

是的,我非常同意他的这个说法。

我给他讲了讲我在丹麦看到的考试:"丹麦也考试,但他们老师说,考试和学生没关系,只和老师有关,因为这个考试只是为了让老师了解自己哪些地方没把学生教懂,进而改进教学。他们的考试也不是拿来评价学生和老师的。"

"我们老师一个娃儿都不放弃。"他说,"有两个娃娃一年级成绩就比较差,二年级、三年级成绩还是比较差,我们一直强调,不能放弃,我们老师也不责备他们,总是很热情地陪伴着他们,并根据他们的情况给予指导。结果到了五年级他们成绩起来了,很多时候居然也能达到八十分。八十分这是什么概念呢?就是熟练掌握了基本知识和技能。只要能够达到八十分,就不会影响他后来的学习。"

四

我说:"你的这些朴素的做法,的确不新鲜,没有媒体喜欢的所谓'亮点',但你做的就是好教育。我最近一直在思考,什么是好的教育?让孩子快乐,而且自主成长的教育,就是好教育!"

他说:"现在就是应该大声呼吁人们都来思考'什么是好教育'。好教育,应该是能够支持孩子生命蓬勃生长的教育,就是让学生充分享受尊重和关爱的教育。我肯定也要追求分数,我搞教育不追求分数,那是假话。但我追求分数的手段不一样,我们的教学不加重学生负担,就是只教规定的知识,完成了之后如果个别学生还有余力,老师会推送几道题给他做。所以我们的学习就只有一本教材和一本练习册,到了毕业时,期末还有一套复习题,这就是我们全部的学习资料,没有太重的学业负担。我晓得城里有的小学生还要上各种补习班,好像抓得很紧,其实,补课恰恰耽误了孩子玩耍的时间,玩耍是每一个儿童的必修课啊!"

他有些激动,稍停片刻,又说:"我追求分数,但又不仅仅是分数。我们现在的教育也还有问题,就是限制了最优秀的孩子的发展,同时也很难照顾到学习最困难的学生,这是很严重的问题。所以,我们最近正在策划教学改革,如何让学生在自主学习上下功夫。"

我问:"你改革的具体做法是?"

"是这样的,"他说,"首先,对学生进行自学信心方面的教育,我把教材改薄,把一大本教材改成一小本一小本的,让学生过几天就可以学完一本,这样他们就会有成就感。另外,老师指导学生制订学习计划,什么时候学完一个内容?每周每天学什么?什么时候学?让学生自己去安排。在学习过程中,他可能遭遇什么困难,老师便给他提供相应的资料,让他遇到问题能够自己查找,自己解决。如果是在教室学习,他遇到问题可以举手,老师便走到他面前给他以指导,在指导的过程中,重点引导学生的思维向深度拓展。

学完了之后，他们进行自我检测，然后如果发现有缺漏，老师会给他们指导，给他们一些题做，在老师的帮助下继续学习。如果觉得可以了，再考，最后每个孩子都能达到 98、99、100 分，如果提前达成学习目标了，就可以玩耍，做什么都可以。如果全班都提前完成了，我们就鼓励老师带学生去旅游。"

我说："你这是把学习过程交给学生，让学生真正成为学习的主体啊！"

"是的。"他说，"老师只是为学生的学习服务，满足不同学生的不同需要，个性化学习，而不是一刀切。这样一来，老师真正做到了一对一的辅导，能够给后面的孩子更多的关注。"

五

"非常好！"我赞叹道，"你们这项改革是从什么时候开始的？"

他说："我们是这学期才开始的。我找志愿者先走一步。现在有五个老师，一年级一个，四年级两个，五年级一个，六年级一个。先尝试，逐步摸索，把学习的整个过程交给学生，当然也不完全拒绝老师讲解，毕竟讲解也是最便捷的教学方式。理想的状态是，学生连续一两天都学数学也可以，学语文也可以，学完后就可以自由安排自己的时间。我上课的时候发现我还没讲，学生已经把作业做起了。所以，学生自己是可以学会的。接受能力强的娃儿，一学期就把教室书柜里的书全部读完了，这样就满足了不同学生的需要。"

我问："你们可不可以搞全科教学呢？"

他说："我倒是想，但全科教学，目前教师还很难做到。"

我问："广元应该也是城乡一体吧？我的意思是说，城里和乡下的老师工资待遇应该是一样的吧。"

他说："不，广元的乡村学校教师的工资比城里要高一些，像我们范家小学的教师工资每个月就比镇上的学校都要多 200 元，镇上的老师又比城里的老师高一些。这是乡村教师补助。"

我说："那好那好，应该的。"

"但是,"张校长话锋一转,"老师们还是愿意进城!离家近嘛。还有,现在每天下午的课程辅导,就是'课后延时服务',就这一个政策的实施,又将导致大量的老师往城里跑。"

六

我问:"你们现在有51个学生,有多少老师呢?"

他说:"老师说起来有15个,小学有13个,幼儿园有2个。但请产假的、生病的老师每年都有,所以,只有11个老师在岗。"

我又问:"听说你学校还转来了一些大城市的孩子?"

"是的,外地学生有11个,来自上海、成都等地。所以我们学校本地的娃儿其实只有40个。"

"那对这些外地学生,你们怎么收费呢?"我继续问。

"外地学生来读,我不能收钱,没有收费政策。现在外面对我们学校的评价比较高,但其实我们自己觉得,我们学校很普通,当然我们一直在向着优质的方向努力。但我们的'优质'和他们的'优质'定义不一样,很多人对'优质'的定义就是看分数,我们的'优质'既要看分数,还要看孩子是否有蓬勃的生长状态。"

"如何理解'蓬勃的生长状态'?"

他说:"第一个状态,我们现在的学生没有一个近视眼,一个都没有!这就是我们很牛的地方。第二,外地的娃儿转来后,一比较,我们的娃儿走路的劲都要大一些,健壮得多。第三,我们的孩子完全没有不想上学的,尤其是他们愿意主动与人交往。他们升到了新的学校,与人相处特别好,有优势,喜欢和老师聊天。我们学校的娃儿不怕老师,老师也喜欢他们。我们的娃儿出去有当班长的、生活委员的,或者篮球队队长的,等等,能力很强,成绩嘛,当然也还是不错的。"

我对范家小学的非竞争性评比很感兴趣,便问:"你能具体说说你们各班的评比吗?"

他说:"我们学校五个班,有时候一次可以发五面流动红旗,也可能一周一面都没有。只要这个班这周实现了目标,比如坐姿端正,手指没有长指甲等,自己觉得达到了,班主任老师认可了,就可以申请流动红旗,然后就发。这样,不良的习惯通过集体力量来改变,但这个改变必须是诚信的、真实的。"

我不理解:"咦?六个年级怎么只有五个班?"

他笑了:"三年级没有人。我来当校长的那年,没有招到人。因为我这个新校长来了,人家家长不信任嘛!现在呢,连外地的家长也把娃儿转来了,都是大城市的。"

我又问:"娃娃这么小,那这些家长是不是都在附近租房子住?"

"是的,现在有的家长也来做志愿者。"他说,"我发现一个家长的QQ里有许多自然风光照片,我问她是做什么的,她说她喜欢自然,还搞过自然教育,我说那正好,便请她来学校,帮我研发自然课程,组建自然教育的团队。我没办法给她发工资,她就是志愿者。还有一个遂宁娃娃的家长,陪娃儿读书,他喜欢画画,也喜欢自然,于是也来做志愿者,帮我建立自然教育工作室。"

"为什么这些城里的家长愿意把娃儿送到你这里来读书呢?"我问。

他说:"现在城里好多孩子抑郁,好奇心缺失,观察力下降,这就是城市化给教育带来的负面影响。我们原来小时候不是这样,我们都是在地上跑,现在城里的人都在往空中跑——都住楼上嘛,住高楼大厦!所以他们愿意把娃儿送来接受贴近自然的教育。现在自然教育的缺失相当严重。所以我就想,我们这里的自然资源非常丰富,方圆几十公里,几万亩,我们可以搞自然教育。"

七

我说:"你们的校园很小,只有几亩;但又很大,周围的山山水水整个大自然都是你们的校园。"

他说:"我们广元市教育局的局长曾经说,范家小学是中国教育的村庄。"

这是他对我们学校的鼓励，但我把这个鼓励当成我的新目标。我们这里现在有个范家小学，我想再开办一个菖溪河自然大学。我请的这几个人，都是被我'忽悠'来的，他们来帮我设计课程、招募人员，然后帮我培训，有的做导师，有的做辅导员，然后对城市儿童开展自然教育，我们的学生更是可以体验这种教育。所以我的梦想，就是将来每天都有一百二十人左右在这个村子里的山山水水体验、观察、感受自然。党的十八大就提出了'五位一体'总体布局，其中就有'生态文明建设'，当然作为学校就是要认真开展'自然教育'，培养孩子的生态文明意识。所以，这里完全可以建成一个自然教育基地。五六年级的学生放假了还可以当小老师、小辅导员，也能得到锻炼，我也节约了成本。如果能修个宾馆就更好，现在人家都想来，但人来了没有地方住。"

我说："你是公办学校，无法收费啊！不然成立公司，但你作为公职人员也不能开公司。"

他说："村上可以做这个事嘛！现在村上的干部已经在统计村里有哪些房子空着。自然教育开展起来，还能给村民增加收入，这也是符合乡村振兴的方针的。总之，我想办老百姓享受得起的好教育，这就是我的理想。"

我说："你们学校的学生确实很快乐，没有城里孩子那些负担。"

他说："我们学校完全按照教育部颁布的计划开课，娃娃每周都享受国家规定的三节或四节体育课，其实我们的娃儿哪里才只四节体育课呢？我们百分之八十的学生住校，每天早晨六点五十起床，然后跑操，七点二十到七点五十早读，然后吃早饭。上午还有三十分钟的大课间活动，下午三点就放学，学生写字二十分钟，美术课和体育课轮流来。体育就是足球、篮球，五点过吃饭。晚上第一节四十分钟作业辅导，第二节五十分钟就是阅读，这是雷打不动的。星期一下午我们老师开会，娃娃就自由玩耍，周二、周四学生是体育活动，周三、周五下午是美术活动。"

我问："这些娃儿的家长都在外地？"

他说:"是的,有时候一年都来不了一次。但现在爷爷奶奶很重视,每次开家长会,他们拄着拐杖都来,就连家住学校门口的学生也愿意住进学校的宿舍,只要有空床位,我们也同意附近的学生住进来,反正空着也是空着。"

我笑了:"呵呵,你爱人做什么工作呢?"

他回答说:"爱人卖墙纸和吊顶,孩子当老师,教高中语文。我中师毕业,教过语文、生理卫生、历史、政治、音乐、体育、美术,还教过数学。"

"呵呵,你是什么学科都能教呀!这点和苏霍姆林斯基很像,他也是什么学科都教。"我说。

"哪里哪里,我还差得远呢!"他真诚地说。

八

在整个聊天过程中,张校长一直很谦卑,我能够感受到,他的这份谦卑是真诚的,是发自内心的。

然后他又回忆道:"刚当老师时,信息很少,书也读得不多。我也想当个好老师,但不知咋个当,那之前,我几乎没有接触过教育专著。1995年我就是听了你的报告,很受启发。我那时候当班主任有许多困惑,便给你写信,当时你给我回信,还写得不少,3000多字呢,给我讲怎么当班主任。我从那个时候起就想当一个像你一样的好老师。"

"那时,我校的教务主任带了一本《爱心与教育》回来,我就读。你的《爱心与教育》让我很感动,我便抄,100页的备课本,我抄了整整两大本。后来我一个朋友把手抄本拿去看,又借给别人看。我抄《爱心与教育》的时候,完全没有疲倦的感觉,抄到半夜两点过,想到早晨还要上早读还要上课,应该去睡一会儿,一开窗子,或者走到院子里,看到月朗星稀,那种感觉非常舒服!"

真没有想到,我24年前还给他写过信,我完全记不得了。更没有想到,当年他那么痴迷地抄我的《爱心与教育》。听到他讲这些,我无比感动。

他继续回忆："后来，我当教务主任，搞教研活动的时候，为了让老师们明白如何爱学生，我就给他们读你的《爱心与教育》手抄本，还有《花开的声音》，常常读得我哽咽了，老师们也眼泪长流。"

我不说话，心里一阵温暖。

当年我写《爱心与教育》，纯粹是太多的故事在心中涌动，我想更多地分享自己的教育幸福。没想到此书出版后反响热烈，更没有想到，这本毫无新意但很真诚的小书能够让许多一线老师流泪，并受到启发。张平原校长说他是受了我的影响"才逐步明白了教育应该怎样做"，显然是谦虚，他的成功主要是源于他的教育情怀和教育智慧。毫无疑问，他今天的成就和我没有关系——当初他没读《爱心与教育》，也会有今天的范家小学。但我的那封我都忘记了内容的回信和我的《爱心与教育》当年能够给他的教育注入一点点活力，让他感到一点点鼓励，我还是很欣慰的。

我说："我当时如果知道你在抄我的书，我就给你寄一本去。"

他说："读书不能替代抄书。我一直觉得抄书比单纯地读书好，虽然慢，但比浏览强一万倍。现在我都还有抄书的习惯。读得再多，不抄在自己本子上就还是人家的，抄在自己本子上就是自己的了。读的时候我会想到自己，读着读着，会停下来想，便有许多想法，比如想到其他书中写到的类似的想法，还想到我现在的做法……一下涌上来了，于是我便赶紧记下来。所以我读书是边读边思考。"

张校长真是一个勤奋的人。

九

我说："你应该去申请马云乡村教师奖啊！"

他说："马云乡村教师奖，第一年是 21 世纪教育研究院推荐我，但那时我只当了两年多校长，还不到三年，没资格；第二年够三年校长经历了，继续推荐，但条件又变了，候选人必须是来自国家级贫困县，而我们这里只属于省级贫困县。不过，我今年作为全国优秀教育工作者受到总书记的接见。"

我说："祝贺你！最重要的是你的教育让孩子幸福，你也幸福。我经常说，幸福比优秀更重要。"

他说："是的，我还是在想如何把我的学校办得更好，目前这种状况好像还被认可，但我还不满意，我觉得离我们理想的教育还远。很多人注重环境的打造，但我理解的环境更重要的是人与人之间的关系，而不是这里贴点东西那里贴点东西。"

他顺手拿起办公桌上一本《四川教育》，翻开第一页，便是他写的卷首语《什么样的学校才是好学校》。文章不长，但每一个字都体现了张校长的教育良知。对教育现状，他有着深深的忧虑，他担心教师和家长追求"出类拔萃"的应试成绩会占用儿童必要的运动、阅读、玩耍的时间，限制儿童多种发展的可能性。那种一味追求高分数的刷题式教育，刷掉的是孩子的学习兴趣和学习原动力。在功利面前乱了教育方寸的拔苗助长，必然让一个个灵光的孩子进去，大部分孩子灰溜溜地出来；让众多渴望成长的生命过早地萎谢，成为过度教育的牺牲品。

他这样旗帜鲜明地表达他对"好学校"朴素的理解——

好学校应该是不嫌弃、不放弃任何一个孩子的学校，是师生感觉到自己被尊重、被关爱的学校；好学校是让受教育者感觉内心舒畅、心灵自由的学校；好学校是什么时间大家都知道自己该做什么事、怎么做事的学校；好学校是天天都能看到孩子们灿烂欢笑、安静学习的学校；好学校是可以包容孩子们调皮的学校；好学校是保证孩子睡眠时间不低于10小时的学校；好学校是孩子们"站有站相，坐有坐相，吃有吃相"的学校；好学校是孩子们有机会选择学什么、不学什么的学校……

"太好了！好的教育就应该这样朴素而鲜活！"我忍不住赞叹道，"教育就是做出本色，不用那么花花哨哨的，什么'特色''创新''模式'之类的。"

他说："就是。我办教育就是遵循着实事求是的基本路线，做真实的教育，守常识的教育，而不是什么'特色'。很多人问我，学校有没有什么'创新'和'特色'，我说什么创新和特色？我就是做教育本来的样子。"

十

我和张平原校长并非所有看法都一致。

在罗振宇的跨年演讲中，他是把范家小学作为成功的"社群教育"推出来的。他认为，在孩子成长的过程中，同伴交往的社群影响远胜过家庭教育的影响。比如在范家小学，绝大多数父母在外打工，平时根本就不可能履行自己作为父母应有的教育义务，而孩子们的校园、课堂、老师以及朝夕相处的小伙伴，是他们成长的主要"养料"。

这个观点还找了一个"理论依据"，就是著名心理学家哈里斯的《教养的迷思》。该书旗帜鲜明地提出，父母的教养并不能决定孩子的成长，决定孩子成长的主要因素来自社群。

社群当然是儿童成长的重要因素，但如果非要说同伴的影响比父母的影响更大，我是不同意的。

张校长却同意这个说法。他说："我相信，孩子的成长受伙伴的影响远远大过父母。孩子是在同龄人中建立自己的地位来不断获得进步的。我深信不疑。"

对于哈里斯的观点，他说："哈里斯认为父母的教养和子女的成长无关，只是把话说得有点绝对，当然有关，关系不是很大，但是根基性的。如果要我划个比重，父母对孩子的影响占10%~20%，教师对孩子的成长影响占30%~40%，孩子同伴的影响要占50%~60%。"

分歧不在于儿童的成长有没有来自"家庭""教师""同伴"的影响，而在于这些影响谁占的比重更大，谁更具有决定性的影响。

苏霍姆林斯基在谈到"谁在教育儿童，什么在教育儿童"时，提出有"六大力量"对儿童成长起着重要作用，第一种力量便是来自家庭，其他五种力量分别来自学校、学生集体、书籍、本人的自我教育和街头结交。他也没有否认"同伴"（学生集体和街头结交）的教育影响，但最重要的是家庭的影响。

在这里，我想强调两点：第一，所谓"父母影响"是中性的表达，它既包括正面影响，也包括负面影响。所以父母的素养和教育对孩子的影响也呈现出两个方面。第二，任何规律都有例外，任何原则都有特殊，即使没有"例外"和"特殊"，规律和原则在不同的情况下往往会有不同的呈现。

以此观照范家小学。张校长说"同伴影响大于父母影响"是他源于实践的切身体会，因为范家小学的学生家长长期在外，不可能对孩子实施太大影响。这样的好处是避免了许多可能的消极影响，不足便是家庭教育正面影响的缺失，包括亲情关爱。在这种情况下，学校便承担了更多的教育任务，为孩子建立了平等、和谐、宽容的人际环境，即"社群"。我曾经说过："学校教育是家庭教育不可缺少的重要补充。"在范家小学，这种"重要补充"显得格外重要，也做得异常有效。从某种意义上说，范家小学的成功就在于此。

但这也不能否认从一般规律来说家庭教育更加重要的原则。因为孩子从出生前，一直到进小学，主要还是在家庭环境中成长，所受父母及长辈的影响想摆脱都不可能。张校长也说："家庭教育从孩子生下来就开始了，怎么能说家庭教育不重要呢？当然重要，而且是孩子一生中最基础的教育。"

只是张校长基于范家小学的特殊现实，而认为同伴教育胜于家庭教育。当然，也许他并没有否认家庭教育在一个人一生中的决定性影响，只是根据范家小学孩子的情况，觉得在他们的父母不在身边的时候，来自教师和同伴的影响更多也更重要。

对此，我深表理解。

十一

自信而谦逊，坚定而温和。这是张平原校长给我留下的印象。

在外面对范家小学的一片喝彩中——有些说法，比如"世界级的学校""中国的芬兰教育"云云，甚至有些夸张，包括罗振宇所说"所有最先锋的教育理念在这所山区小学都能看到"这句话中的"都"字，明显言过其实；但张平原校长却保持着清醒，一再说"我们学校现在并没有那么好"，一再说"我的学校离我的理想还差得远"。甚至广元市教育局局长对范家小学有高度评价，也没有让他飘飘然，他把所有的赞誉都当作自己奋斗的目标。

但张平原对于中国乡村学校乃至城市学校的意义是显而易见的。

范家小学告诉我们，朴素的校园一样可以有精彩的教育。在范家小学，除了"尚美尚能，求实求新"八个字的校训，我看不到其他学校所"必须"有的口号，什么"努力打造一所……""培养走向世界的……"之类的豪言壮语，但我在张校长的教育探索中，看到了他的教育理想；我也没看到校园有"以人为本""为了一切学生""把儿童放在正中央"之类的标语，但我从孩子们的笑脸中，看到了张校长对他们的爱。

范家小学告诉我们，儿童是教育的最高价值，而这个最高价值体现于课程，体现于课堂，体现于评价，体现于孩子每一天的生活常态，体现于孩子每一刻的生命状态。孩子们是否健康？孩子们是否快乐？这份健康和快乐是否能伴随他们一生？这是张平原思考的最核心的教育问题，也是他教育的终极目标。在儿童这一最高价值面前，其他的任何"理论思想""指示精神""文件要求""考核标准"都是次要的。

范家小学告诉我们，所有看似劣势的因素，在富有智慧的教育之光照耀下，都能够转化为积极的教育因素。学生少，正好搞小班化教学，甚至一对一的因材施教；深处大山，周围的一山一水、一草一木正好是取之不尽的自然课程资源；远离都市，正好让孩子们一心一意寻访、了解、研究家乡历史文化、乡土民俗；孩子父母都在外地，正好探索没有家庭教育配合的学校教育……

范家小学告诉我们，所有"非教育"的因素，在有教育眼光的校长整合下，都可以成为教育合力的一部分。所有沉睡的物，都可能蕴含着教育的功能；所有闲杂的人，都可能具备教育的某种智慧。关键是校长是否发现，是否信任。

所以在范家小学，连学生家长都成了课程开发者；因此我对张校长说，你的学校很小很小，还不到六亩；你的校园很大很大，连着整个大自然……

范家小学告诉我们，素质教育并非理想化的海市蜃楼，或"忽悠老百姓"的画饼充饥，而是完全是可以看得到摸得着的校园常态。只要给校长以自主，只要给教师以自信，只要给孩子以自由，哪怕是最偏远的山村小学也能成为吸引大都市家长送孩子来读书的素质教育典范！范家小学毕业升入高一级学校的学生，已经用他们的后续发展雄辩地证明：人格健全、心灵舒展、能力全面的人，应试成绩也不差！

范家小学不应该成为中国基础教育学校发展模式的"唯一"，但范家小学以自己鲜活的教育实践，为中国百花齐放的教育生态提供了另一种可能。

告别范家小学已经有好几天了，可张平原校长那句话一直在我耳边响着："我做的只是教育本来的样子！"

2019年11月1—6日

这里每一个孩子都舍不得离去

——再访丑小鸭中学

2018年9月，我第一次去丑小鸭中学就被震撼了，也被詹大年校长感动了。我写的《"任何时候校长都会帮助你"》，在镇西茶馆引起强烈反响。前段时间，我第二次进丑小鸭中学，依然被震撼、被感动。

一

我再次来到丑小鸭中学。

早晨的阳光温和地洒在山坡上的校园里，洒在缓缓随风飘扬的国旗上，洒在教学楼楼道正在擦拭玻璃窗的孩子身上。

和詹大年校长转到了教学楼，迎面不时有孩子打招呼："老师好！"并微微鞠躬或点头，他们的面容温和而淳朴，我完全想象不出他们以前的样子。

我对大年说："我想找几个孩子聊聊，可以吗？"

他说："当然可以。"然后就近招呼正在认真而吃力地擦拭教室玻璃窗的两个男生过来，他对两个孩子说："这位老师想和你们聊聊，到心理咨询室吧！"

我想，校长都发话了，他俩应该马上跟我走。谁知他俩对校长说："好的。等我们把这窗户擦完了，就去。"

校长说："那好，我们在心理咨询室等你们。"

这个细节让我有些惊讶，也有些感动。惊讶于他们不听校长的话——按说，校长都发话了，学生完全应该放下手中的活儿跟我走，可他俩居然说要把活儿干完再去。如果在其他学校，有的学生巴不得停下这又苦又累的活儿呢！感动于他们的责任心——既然擦窗户，那么就必须认真完成，不能半途而废。

当然，这只是我当时的感想，其实对两个孩子来说，没想那么多，习惯而已。

二

心理咨询室和教学楼隔着操场。我等了一会儿，两个男孩进来了。其中一个看上去文弱的男孩搀扶着另一个看上去比较壮实的男孩。我这才注意到，那个壮实的男孩腿不方便。

"怎么了？"我问。

他憨厚地笑笑："没什么，就是前段时间打篮球不小心摔伤了。"

"骨折了吗？"我又问。

"没有，"他说，"就是伤了韧带。"

他俩坐好后，我问："你们是几年级的？"

"初三。"他俩不约而同地答道。

那位腿受伤的男孩坐我旁边，我先问他："你叫什么名字啊？"

他大声地说："我叫徐明亮。光明的明，亮堂堂的亮。"

"哟，多好的名字，明亮！"

然后我把目光转向他旁边的另一个男孩，还没等我开口，他主动说："我叫和健鹏。健康的健，大鹏的鹏。"

"呵呵，"我乐了，"健康的大鹏！"

他俩都笑了。

我又问："你们都是初一就进来的吗？"

和健鹏说："我是初二下学期进来的。"

徐明亮说："我是初一进来的。"

我先问徐明亮:"明亮是哪里的人?"

"我就是云南人,宜良人。"

"哦,就是本地人嘛!"我问,"那你怎么想到这里来的?"

他有些不好意思地说:"以前的学校,老师对我们这些学习不好的学生不好嘛,然后呢,我自己又交了一些不好的朋友,就在一起玩,不想读了,觉得还是外面好玩,所以我初一只读了两个月,就不读了。在外面闲了差不多一年的时间。"

三

"啊?一年?"我问,"那一年的时间你做什么?"

"就是和朋友在外面玩儿,喝酒,抽烟,反正瞎混。"

"那空闲的时候做什么呢?"我继续问。

他说:"实在无聊了,就去奶茶店买杯奶茶混时间。"说到这里,他满脸后悔,"那时候,唉,现在想起来有点后悔。后来我妈打听到有这个学校,然后就把我送过来了。那时是我应该读初二的时候。"

我说:"你那一年根本没去学校,你爸爸妈妈不着急吗?"

"就是因为他们着急,才会把我送到这里来。"他说。

"那为什么不把你送回原来的学校呢?是原来那个学校的老师看不起你们这些成绩不好的学生吗?"我问。

他点头,说:"是的,老师不怎么管我们,歧视我们。大多数同学也看不起我,只有几个坏学生和我玩,好学生根本不理我。"

我问:"在老师同学心目中,你就是个坏学生吗?"

他说:"差不多就这个意思。在以前学校的时候,天天都让我在教室外面站着,我经常被罚站。"

"老师体罚不体罚你呢?"

"体罚的时候也有,但不多,经常骂我,还有就是罚站。有时候作业没完成或者犯了什么错误,就站一上午。"

我想象着这样的情景:一个男孩被老师呵斥,撵出教室,然后孤零零地站在教室外面的过道上,耷拉着头,当然有时候也无所谓,东张西望的。

我问:"最早你爸爸妈妈要你来的时候,你了不了解这所学校?"

他说:"开始是不知道的。后来知道了这所学校是什么样的,我就不想来,但是来了一段时间后,我就喜欢这里了。"

四

我问:"为什么喜欢呢?这所学校和原来的学校有什么不一样呢?"

他说:"刚开始来的时候,心理老师和那些同学过来和我聊天,介绍这里的情况和这个学校的规矩。我记得三年前我刚来这里的时候,有一个学生,叫黎晋庭,大我三届,是他接待我的,带我玩牌,对我很好。我一下就觉得这个地方有点不一样。"

"怎么不一样?是找到了一个有人和你说话的地方,受尊重?"我问。

"是的,我找到了存在感。"他说,"然后,詹校长和杨校长就像朋友一样和我交流,叫我先适应一段时间。我记得当时詹校长和我说话时,非常亲切,完全不像校长,他还拍了拍我的肩膀。"

"原来没见过这样的老师,你很惊讶吧?"我说。

"是的是的。他让我适应一下,慢慢待一段时间。人家这样给我面子,我第一次遇到这样的老师。我就说,好。这样,我就在这里留下了。留了一个月,我感觉我也比较优秀。"说到这里,他自豪但似乎有些不好意思地笑了。

"嗯?现在你觉得自己优秀了,难道原来没有觉得自己优秀吗?"我问。

"嗯。"他点头,"我原来没觉得自己优秀。"

我问:"那你现在觉得你优秀在哪儿呢?"

"我觉得我有点聪明,"他说,"来这一个月后我就当班长了,我就带当时我们的四班。我学东西也很快,所以一个月后我就当班长了。我可能是第一个来这里一个月就当班长的。我就带我班的人。"他又笑了，这次没有羞涩，满脸得意的表情。

五

我又问："现在你初中毕业了？"

"是的，前几天中考了，过一段时间就通知成绩。"他说。

"你填的中考志愿是高中吗？"

他摇头，说："没有没有。其实我考不上高中，我要去安宁读书，读云南技师学院。"

我估计这是一所职业学院。我便问："你去学什么专业呢？"

他回答："我去学管理。"

由过去经常被罚站的"坏学生"，变成现在自己都觉得"我比较优秀"准备学管理的阳光男孩，我感慨不已。

我很关心丑小鸭中学的课程，便问他："这里的课程和原来学校的课程有什么不一样呀？也有文化课，比如数学语文这些课都有吧？"

他说："都有。课程都是一样的，进度我也跟得上。"

我又问："除了常规的课，应该还有其他的课，是吧？"

一直在听我和徐明亮问答的和健鹏插话："有的，有兴趣课。"

徐明亮说："我们每天上午上两节文化课，上一节军事课，最后一节是兴趣课。兴趣课有吉他、射箭等。射箭课就是詹校长亲自教。我是队长。"他又得意地笑了。

我也笑了："那你的射箭技艺也不错嘛！"

"这两天腿不行，好久没练了，没以前射得好。"他终于谦虚了一回。

我问他俩："你俩是一个班的吗？"

他俩回答："是的。"

"你们班现在有多少人？"

徐明亮说:"应该有33个人,不过今天没这么多,因为有的已经回去了。"停顿了一下,他又说:"我们对学校有感情,毕竟在这里待了三年。"

我问:"你们算是在学校待得比较久的吗?"

他说:"是的。"

"一般的学生待多久呢?"

"一般的待五个月,或者十个月,就是两学期。"

六

我提出一个疑问:"我不太理解,为什么一般的学生只待五个月,或待两学期?这么短的时间啊!是不是主要就是让学生在这段时间里恢复好的习惯,然后就回原来学校去?"

和健鹏说:"是的,就是提高学生的思想觉悟,纠正他们的错误认识,改正缺点,让他养成学习和生活的好习惯,然后就回去。"

"嗯,是这样。"我明白了。

我问健鹏:"你是哪里的人呢?"

"我是丽江的,丽江古城区。"

"哦,我去过丽江,非常漂亮。你又是怎么来的呢?"我问。

他说:"我来过两次。"

我有些惊讶:"来过两次?第一次来也是初一的时候?"

"不,第一次来是2019年5月1日,是初二的时候。"他说,"那个时候我跟我爸说我来昆明看看学校。"

"那你是自己来的吗?"

他说:"我跟我爸一起来的。他带着我来看学校,下了火车老师就来接我,把我接到这里来了。"

我说:"我没太懂。你当时为什么要想到转学呢?是不是和明亮一样,因为老师看不起你?"

他说:"是的。不过,因为我爹妈在那边还是有点面子的,所以老师表面上对我没有什么,但暗地里就收拾我,隔三岔五就叫我停课。"

"为什么?因为你调皮呢,还是成绩不好?"我问。

他说:"成绩我不差,当时是中等吧。主要是因为我调皮,还有抽烟喝酒。平时班里出了什么事,明明不是我干的,老师也要怪在我头上。比如同学之间吵架,老师也说是因为我才吵架的。于是我很生气,有一次我就逃了两个星期的课,我爹就把我拉去工地打工。"

七

"你去打工?你才初一,是违规的呀!"我说。

他解释说:"不是,不领工资,是去体验艰苦。那里的大老板认识我爹。我爹就让我去,去试试那种生活,让我想清楚将来要做什么。"

"哦,你爸爸就想让你醒悟。"

"对的。我去干了两天,我就说我要回学校了。"他继续说,"回到学校那天,刚好北京大学一个人来我们学校开讲座,我好久没有回学校了,见了同学们就和他们聊开了,聊着聊着大家都很开心,笑了,班主任就跟我讲,你一回来就带着大家起哄,你要么就读,不想读就滚蛋。我马上说,好,我滚我滚,然后我就不去学校了。"

我问:"当时你在班上是不是老师眼中最调皮的一个?"

他说:"其实当时班上有好多个调皮的,他们都是跟着我玩儿的,但老师都不针对他们,就针对我,特别恨我。"

"然后你就来这里了?"

"不,其实来这所学校之前,我还去过另外一所学校,是军事化管理的。他们那里不读书,就只是搞训练。我在那里待了六个月就走了,我就觉得那边的学校不适合我,我不想在丽江待了,闲了一个月左右,然后就到这里读书了。事先我就知道这个学校的。"

我问:"你从哪儿知道的呢?"

他说:"就是从我以前读的那所军训的学校知道的,所以我就想来这里。"

看来和健鹏是自己想来这里的。那么徐明亮呢?

我又问徐明亮:"明亮,你呢?也是自己想来的,是不是啊?"

"不是,"徐明亮说,"父母要求我来,我呢,想让父母开心,他们要我来我就来嘛!"

"哦,那你还是比较被动的。"

八

我又转问和健鹏:"你说这个学校你来过两次?怎么回事?"

"对,第一次读了五个月,然后出去到了丽江的一所学校读书,"他说,"但我觉得在那些学校,同龄人和我更没有共同话题了,便又没有读了,后来又来这边了。"

我有些不明白:"你到那个学校,是不适应,是吧?"

"对,就是我发现他们很幼稚,从这里出去后我就感觉自己比较成熟一些,而他们讲的那些话,那些想法,那些所谓'朋友义气'特别幼稚,然后抽烟什么的,我觉得那种生活很幼稚,很没意思。"他说。

"哦,原来是你成熟了,和同龄人不在一个档次了。呵呵!"我说,"我还以为你出去后又犯错误了,便又被父母弄到这里来,原来不是的,是你觉得那里不适合于你,你更适合于这里,是不是?"

"对的。"他说,"我觉得虽然都是同龄人,但是和他们在一起,就像和小弟弟小妹妹一起玩。我在那里非常不愿意和他们在一起,然后我的生活老师就来接我,我就回来了。是去年十月回来的,一直待到现在。"

我问他俩:"你们的求学时间都被耽误过,那你们俩的年龄是不是比你们同年级的学生大一些呢?比如初三应该是十六岁……"

他们说:"我们也是十六岁。"

"哦，我以为你们是降了级。"我说，"原来你们并没有降级，来这里该读几年级还是读几年级。但学业有影响吗？"

和健鹏说："没有影响。我全部都跟得上。"

徐明亮也说："我也基本上能跟得上。"

我赞叹道："那很好，非常好。"

可见孩子只要懂事了，醒悟了，愿意学了，初中的课程是能够完成的，也不需要那么多时间。

九

我又问了一个问题："根据你们的观察，和你们一样来这里的学生，有多少人像你们一样有了变化，或者说改变？"

和健鹏说："都有改变，当然，除了刚来的新生。"

徐明亮说："是的，每一个学生都有转变，而且出去的学生都对这个学校有些感情，很依恋，我自己想起学校来也很感动。"

我想到刚才转教室时，看到后面墙上贴满了离别学生的话。那些深情的话，让人很难想象这些孩子当初大多是被"绑"来的、"骗"来的，而且刚来时都哭着闹着……

我说："我也很感动，被你感动，为你们的成长感动！也为这学校的老师感动！根据你们刚才的说法，到这里来你们感觉到的最大的不同，就是被尊重，被平等地对待。"

"是的是的。"两个孩子点头回答。

我问："是不是来了新同学，你们要去帮着安抚开导啊？"

徐明亮说："是呀，我们还要去接他们。"

"我知道好多学生最初都不愿来这里，那你们怎么跟他们说呢？"我问。

和健鹏说："我们根据他们的喜好，有些人喜欢玩游戏，我们就和他们一起玩游戏，用我们的经历告诉他们，当初我们是如何慢慢喜欢这里的。"

徐明亮说:"先安抚他们,让他们觉得有人关心他们,他们就没有孤独感了,不被歧视,他们就平静了。"

当初被"绑"被"骗"来的学生,后来又成了安抚同样被"绑"被"骗"来的孩子的"老师",这个转变本身就是奇迹。而这个奇迹的创造者,就是詹大年校长。

我又问:"詹校长平时和你们见面的时候多不多?"

和健鹏说:"很多的,平时会和我们聊聊天、谈谈心啊什么的。我感觉詹校长是一个很重感情、很讲义气的人。"

徐明亮说:"是的。他把我们当朋友,很给我们面子。"

+

我问:"平时这里同学们之间会不会打架?"

徐明亮说:"当然也会有矛盾,但老师们会帮我们解决,基本上不打架。"

和健鹏说:"再说学校就那么多人,低头不见抬头见的,所以一般不会打架的。"

"对了,我一直想问,这里的老师打不打学生?"我问。

他俩同时说:"不打不打。"

徐明亮说:"最多是你犯了错误,骂骂你。"

我说:"据我了解,在有的类似性质的学校,就是要体罚学生的,军事化管理的。"

徐明亮说:"我知道,叫××书院,打学生。但我们这里不可能。"

正说着,詹大年进来了。

我笑了,对他说:"他们正说你的好话,正表扬你呢!呵呵!"

大年说:"都是朋友了嘛!"然后在旁边坐下。

我问和健鹏:"下一步准备到哪里读书呢?"

他说:"我去丽江古城区一中读高中,这是丽江最好的高中。"

"你的成绩能上一中吗?"话一出口我就有点后悔,怕伤了他的自尊。

和健鹏自信地回答:"可以的。"

"哦,那你成绩应该相当不错嘛!"我赞叹道。

他有些不好意思地笑了。

大年说:"是呀,他成绩很优秀的!"

十一

他又指着徐明亮:"这孩子也不错,是我的徒弟,跟着我学射箭。我不在的时候,他就替我当教练。"

我对大年说:"明亮说他要去读职高,学管理,以后当官,呵呵!"

大年说:"他适合学管理。他在同学中威望很高,他特别喜欢班级。"

我说:"是的,他刚才说了,他来这一个月就当班长了。"

我又问徐明亮:"你为什么那么有威望呢?"

"这……"徐明亮第一次被我问住了,"我也不知道,我觉得我从小就……反正是与生俱来的。"

我忍不住大笑:"哈哈,你天生就有领袖气质!"

"可能是吧?"他居然一点也不谦虚。太可爱了!

上课时间快到了,我最后问两个孩子一个问题:"你们觉得这个学校最大的特点,或者说和一般学校最大的不一样是什么?"

和健鹏说:"会让我们找到自信。"

徐明亮说:"会让我们有存在感。"

"谢谢!"我再次感动。

我对他俩说:"我会永远关注你们的,包括你们长大后做什么,我都会关注的。"

走出心理咨询室,我和两个孩子拍了合影。

在谦让时,我感觉不小心碰着明亮了,我赶紧道歉,他却说:"没有没有,没关系的。"

"再见,李老师!别忘记加微信啊!"两个孩子向我道别。

然后,健鹏搀扶着明亮回教室,我目送他们在阳光下穿过操场远去。

十二

接下来,我听了一节语文课。初一、初二正在期末考试,但因为有几十位校长来参观,学校便召集还在学校的初三学生上了一节研究课。

注意,我这里说的"研究课"并不只是供听课老师研究的课,这里的"研究"首先是上课学生之间的研究。说实话,我听公开课听得多了,那种雕琢、表演、做作的课我特别不适应。但说实话,这节课很真实自然,至少没有排练过——作为教了几十年语文的特级教师,这点我还是能看出来的。

这堂课是研讨夏洛蒂三姐妹。老师先让学生看一个关于这三姐妹家庭及身世的视频短片,然后进行研讨。研讨题都是开放式的,好多并没有统一答案,比如,老师给了同学们一个勃朗特兄妹六人的表格,然后让大家从表格中找到自己的新发现。这么一个简单的问题,却隐含着许多开放而新奇的"发现",正是在这答案并不统一但每一个答案都有依据的回答中,同学们迸发出极其活跃的思维火花。又比如,勃兰威尔·勃朗特是一个什么样的人?说说是谁让他变成这样的?这也是极易引发孩子思考和讨论的问题。课堂上,孩子们热烈的讨论和激烈的争论,让我恍惚感觉是坐在大都市一流名校的教室里,我完全感觉不到这些孩子以前都是他们所在学校的"学渣"。

我特别注意到,坐我附近的徐明亮,思维极为活跃,不停地举手要求发言,而他每次发言完毕,都很有风度和礼貌地面向全体师生说"谢谢",并伴随着自然的微微点头。而教师的从容、平等、尊重和他不动声色的引导以及对学生热情的鼓励,让我感慨,这是一个无论职业操守还是专业素养都令人敬佩的年轻人。

课堂上,徐明亮提了一个看似简单的问题:"这一家老大是女孩,老二是男孩。男孩女孩都有了，为什么还要生老三、老四呢？"本来很热闹的课堂沉闷了好一阵。大年校长站起来举手了："我想回答这个问题。是不是可以这样理解——爸爸是个牧师，在基督徒的眼里，人的生命是上帝给的。要不要孩子，不是谁可以决定的。"大年校长坐下的时候，大家掌声响起。校长站起来像学生一样回答问题，这在很多学校是见不到的。

十三

中午，我和詹大年校长在他办公室吃工作餐，一边吃一边聊。

我问："到你这里来参观的校长也不少吧？"

他说："是的，全国各地的校长都有。问我问得最多的两个问题：一个是你有什么样的管理制度？请把你的制度给我看看。第二，你是怎么让你的学生怕你的？"

"你怎么回答的？"我问。

"我说对不起，我没有制度。"大年说道，"他问，没有制度你是怎么办的呢？我说，每个班的规则不同，都是学生自我管理，如果你一定要让我拿出一些制度，那肯定是应付上级检查的。"

我说："但规则也是制度呀！"

"可我们的规则是学生自己定的，自己生成的，和学生的利益有关系。"他解释道，"是通过时间慢慢生成的，比如怎么睡觉，鞋子怎么放，怎么打扫卫生，等等。"

"嗯，有道理。"我表示同意，"那第二个问题你怎么回答的呢？"

"关于第二个问题，怎么让学生怕我？我说我和你们是反的，因为我们的教育目标是让学生不怕我，我们要建立良好的平等的师生关系。刚来的时候，这些孩子都很紧张，因为他们在原来学校比较孤立，但来这里后渐渐地他们就很活跃了。"

"呵呵，好玩！"我说，"有的老师认为，一定要让学生怕老师，不然怎么管得住学生呢？所以一般的老师都希望学生怕自己，这样才好管，至少应该对老师是又爱又怕，可你居然追求学生不怕。我想起我做校长的时候，也给自己定了一个目标，一定要做一个孩子不怕的校长！这个目标其实我是向苏霍姆林斯基学的，他就是这样要求自己的。"

十四

我想起早晨和两个男孩聊天时，徐明亮谈到他刚到这里时，一个叫黎晋庭的学生来安抚他，我问大年："这个黎晋庭，很不简单啊！你还记得吗？"

他说："当然记得。不过这没什么，每次来了新生，都是高年级学生去开导他们，他们用自己现身说法，很有效的。"

我问："这个黎晋庭已经毕业了吧？"

他说："是的，毕业两年了。这孩子也有故事。这个黎晋庭的情况很特殊，是一个单亲妈妈的孩子，他从没见过他父亲。小学三年级起他就没有上学，一直在家里面上网，不跟任何人沟通啊。他到我们学校来的时候是初一，我们接到他的时候，他完全就像是那种山老鼠的形象，头发长长的，指头是变形的，就像一只小动物，体重只有30多斤，不是30多公斤，是30多市斤。他刚到学校时，经常是大叫大哭，这个老师抱着他喂饭，那个学长抱着他洗澡，这样前前后后差不多过了两个月啊，他才慢慢平静下来了。"

我问："后来这孩子发展得很好吧？"

他说："这个孩子很聪明，后来在我们学校读书，发展得非常好，还成了我们学校心理社的社长。再后来竞选班长成功。"

"啊，这么厉害！"我赞叹道。

"是的。很多校长在我们学校参观的时候，这个孩子都帮他们做过心理分析，很多校长都非常非常佩服他的。他学的是计算机专业，听说现在这个孩子在自学心理学专业。"

十五

黎晋庭帮助过很多人，他说自己曾经也有过心理问题，后来成为心理社的社长以后，他帮助过很多孩子，他帮助的新同学可能是最多的，他也帮助过很多成年人啊，这个孩子本身就是个奇才。

我很惊讶，问："黎晋庭才读了小学三年级，那到了你们这里学习上怎么办？"

他说："李老师，其实这些孩子聪明得很，有的孩子初中三年，只上一个学期或者一年，他就可以把所有的课程学完。黎晋庭的学习成绩在我们这里是最好的，他后来考上了普通高中，但他不去读，他说三年高中又把他废掉了，他自己去学电脑，学计算机编程，然后直接读一个五年制大专，现在他又自学心理学。其实，像这种例子太多了，读书的时间很少啊，但懂事之后，完全能够跟得上。所以我认为，学习可能跟老师没有什么必然的关系，也就是说学生是可以自学的。"

三年前的一天，吉林省孤儿学校校长张洁一行三人访问昆明丑小鸭中学。丑小鸭中学学生会副主席、心理社社长黎晋庭给张洁校长做了心理测试后，说："您是一位完美型人格的校长，对下属要求极为严格，这样难免会产生孤独感。建议您在以后的工作中多与下属沟通，同时要接纳不完美。给自己减减压，这样工作效率会更高。"

张洁校长说："太对了。你太厉害了！一个十四岁的娃娃竟有这样高的水平，真不简单。"

我对大年说："黎晋庭的确是一个奇迹！"

他却说："其实这样的孩子在我们学校很多的。"

十六

正说着，有一个孩子的爸爸妈妈来向校长告别，说孩子来这里变化太大了:"孩子变了,长高了差不多10厘米,懂事了,胆子也大了。"他们非常感谢学校。分别时,背着吉他的孩子特意过来和詹校长握手。那孩子的行李箱上一叠书,是《世界通史》等史书,还有文学、基因学、电脑编程、网页制作一类的书籍。

他们走后,大年对我说:"这孩子叫靳子涵,来自敦煌,是去年12月25日他妈妈送来的,也是因为厌学而逃学,和爸爸很难沟通。爸爸是个学霸,毕业于名牌大学,对儿子的要求非常高。昨天是他爸爸妈妈来接他,这是爸爸妈妈7个月来第一次见到孩子,非常高兴。孩子在学校学会了弹吉他,学会了擒拿,学会了当主持人。"

"孩子学习成绩怎么样?"我问。

"学习成绩也很好。以前这个孩子跟爸爸的关系差得很,我看到孩子看那些书真的很感动,谁能想到以前那么厌学的孩子现在这么爱读书。吉他他也弹得非常好,还在我们学校做主持,做了很多次主持啊,并且他在与人沟通方面也很擅长,可以带新生,有的学生老师搞不定,就是他去搞定的。他有这么大的变化,所以爸爸妈妈都非常高兴。昨天他还说不走,他是初一嘛,他说他一定要在这里读完三年,直到初中毕业。但是不行,为什么呢?因为他在兰州读书,他必须在兰州上满五年中学,才可以在兰州考大学,他下学期初二了,所以他就必须回去读。但他说,我明年暑假一定要回来,爸爸妈妈说,暑假你想回来就回来嘛!这样,他才走的。但他走的时候对我说,一定要和我握个手才走。"

不一会儿,我看到大年在微信朋友圈晒出了靳子涵的照片,并写道:"一个初一的孩子离校了。看着他背上背的琴,行李箱上拉的书,我就很满足了。"

是呀,来的时候厌学,走的时候带着一摞书离去,还有什么比这更能说明孩子的变化和成长呢?

十七

我突然想到了刚才徐明亮对我说的话:"每一个学生都有转变,而且出去的学生都对这个学校有些感情,很依恋。"

于是我情不自禁地说:"每一个孩子离去都是这样依依不舍啊!"

这时候,大年的爱人杨柳(也在这里工作)说:"昨天张朋云还给我打电话,说很想我们,很想念学校呢!"

我问:"这个孩子又有故事吧?"

大年说:"这孩子,刚来的时候,他看见老师就发抖,发抖了一个星期。"

杨柳补充说:"看到所有老师都发抖。"

我问:"谁送他来的?"

大年说:"他爸爸从深圳坐飞机来,同时教官押着他从广州坐飞机到昆明。他原来是在一所军事化管理的学校。到昆明后,就送到我这里来。他们那么远来,我说先吃饭吧,我就带他们去吃饭。他、他爸、教官和我四个人一起吃饭。当时,他爸坐在我左边,教官在我对面,这孩子就在我右边。我看孩子一动不动,很紧张,很规矩地坐着,双手放在膝盖上,毕恭毕敬的。我说:'你吃饭呀!'他看看教官,就想起身去帮教官盛饭,我说教官的饭不要你盛,你肚子饿了你先吃。他小声说:'我怎么能吃呢?教官都还没说吃饭。'教官就开口说了一句:'吃饭。'他才开始吃。他一边吃,一边用眼睛看着他爸或教官,很紧张,生怕自己犯了什么错。"

十八

我忍不住叹息:"可怜的孩子!"

大年继续讲:"我看到他手上有伤,我就问他:'你被打过吗?'他看了看教官,说:'没有。'我知道他是怕教官,所以不愿意说'被打过',于是我改口说:'不是打,是老师处罚你,是不是?'他说:'老师处罚学生,是对的嘛，是正常的。'我一听就火了：被打成这样，还说是正常的，便问他：'你身上的伤，是老师打的吗？'他说：'有的是蚊子咬的。'我想，就算蚊子咬的，把你咬成这样，这学校也太缺德嘛！他一直看着教官，看教官是不是需要添饭。我看孩子这么紧张，这么可怜，就大声对他说：'我，是这里的校长，你进了这个门，就是我的孩子！如果哪个还敢欺负你，老子帮你揍死他！你放心，不要怕！'我就有意当着他父亲和教官说这个话。我的话讲得很粗，因为当时我很气愤嘛！但他还是不太相信，因为教官就在旁边。后来吃完饭，他一直跟着他教官，走路很紧张，很拘束，是很标准的军训动作。我说：'你不要这样子走路，放松，你看看那些同学。'因为这时候刚好过来了几个学生，他们问我：'校长，是不是来新生了？'很活泼、很自然的样子，但这孩子还是不行，紧张得很，因为他习惯了，已经完全机械化了。后来，我就当着很多同学的面买了一袋苹果给他，和他就熟悉了。杨柳也买了一些东西给他，而且表扬他：'你们看，这个孩子其他的优点我暂时还没有看到，但是，你们看他走路的姿势，他站的军姿，很像军人。'就是有意找优点表扬他，这样他就找到感觉了。"

十九

杨柳说："后来上军训课时，我就让他当小助教，训练一些新来的同学，他瞬间就找到存在感了，自信起来了，然后胆子也开始大了，越来越活泼了。"

大年说："我非常理解这样的孩子，到我们这里来的孩子大都是这样的。他心里有阴影，为了消除他这个心理阴影，我花了两个星期。最初他完全是机器人，看到老师，就条件反射式地紧张。我就对他说，你这是在干什么？不要这么紧张，现在不是军训课。"

我问："这个孩子，现在已经离开学校了？"

大年说："7日离开的，在这里待了一年。后来这孩子非常阳光，还当上了主持人。"

说着，大年拿出手机翻出他的一些照片给我看："看，多么阳光的孩子！"
我一看，这孩子果真阳光。

大年又给我看一个视频，是这个孩子当主持人时的情景。看到这个自信大方、英俊潇洒的主持人，我很难想象他一年前到这里时那副惊恐紧张的样子。

"所以，我20年前就讲过一个观点：教育就是要让学生不怕。"大年又回到刚才的话题，"学生没有必要怕老师。不是怕不怕的问题，你就告诉孩子什么能干什么不能干，就行了。"

我说："不过，你能够转变学生，靠的不仅仅是学生不怕老师，而是不怕后面的尊重、智慧，对他心理的引导……"

"我觉得，对学生就两步：第一，让学生对你产生依赖感；第二，让学生对你产生依恋感。"他说，"所谓'依赖'，就是不能没有你，如果没有你他会觉得突然失去了什么，然后再让他产生独立，不能老依赖别人的心理。所谓'依恋'就是精神上和你交流，信任你。依赖是短时间的，而依恋则可能是长久的。我的学生出去后，包括长大了，工作了，什么话都愿意对我说，谈男朋友啊，谈女朋友啊，都愿意在网上和我聊。我就给他们提供一些建议。我们这些孩子，来我这里之前，都是缺少依赖感的，因为他没有可依赖的人，家长不管他，老师鄙视他，同学也就看不起他，事实上他们是没有存在感的。你给他一种依赖感，他就有一种到家的感觉。所以，一定不能让孩子怕你。"

我说："不但孩子们依恋学校，他们的爸爸妈妈也会很感谢学校。"

二十

说着，他又给我看了一张照片："这是有一次去山上露营时我拍的。你看这个孩子，叫潘俞睿，肩上扛着箱子，胸前挂着吉他，眼神坚毅，这是一个男子汉的感觉。"

照片上的孩子，果真是一个小男子汉的形象。

大年说："潘俞睿的母亲，是一个大学的高才生，单亲妈妈。她是我的网友，关注了我两年。潘俞睿在初二的第一个学期，被他妈妈送到我这里，潘俞睿母亲说这个孩子在原来的学校受侮辱，那是一所重点中学。她说把孩子送到我这里，就感到很轻松了，可以干点别的活了。"

我问："这孩子来这里之前成绩一定也不太好吧？"

大年说："不是'不太好'，而是太不好！学校要开除他。在我这里待了一年半差不多两年，完全变了，人变得懂事了，变得坚强、阳光了。后来在我这里参加的中考，考上了重点高中。一些家长看不起丑小鸭中学，觉得把孩子送到这里脸上不光彩，而潘俞睿妈妈则不然，她经常把孩子在丑小鸭的照片发在朋友圈，她很自豪，说她的孩子就是在丑小鸭得到改变的。她说，如果没有丑小鸭，她什么都没有！"

"现在这孩子应该读高中了，情况怎么样？"我问。

大年说："潘俞睿去年就考上了一所重点中学。刚读完高一，下学期就高二了。他读的高中规模很大，这次期末考试，在六千七百多名高一的孩子中，他是前几名。他母亲很感动，我也很感动。"

说着，大年又指着照片："潘俞睿这孩子以后不管做什么都能成功，你看他的责任感。这样的孩子你还愁他的生活能力吗？"

大年给我看他保存的去年潘俞睿刚进高一时，孩子母亲发来的微信："现在这个学校几万人，如果没有在丑小鸭历练过的一年半，都不知道淹没到哪里去了，而现在，我相信他会闪耀！""从一个厌学逃学的网瘾少年，变成了现在的阳光自信的高一男生，真的非常感谢丑小鸭！"

二十一

如果不是时间关系，詹大年可以接着讲他的"丑小鸭"故事，三天三夜也讲不完。

我感叹道："你讲起学生来，如数家珍，你对他们每一个人都很熟悉啊！是不是每一个学生都认识呀？"

他说:"从建校到现在,我不敢说每一个,但绝大多数我都能叫出名字,应该有80%以上的,跟我的关系非常亲近,他们都把我当好朋友。"

我问大年:"学校运营没问题吧?"

"没问题。"他说,"当然也不可能有很多盈利,我也没想过靠这个学校来发财。但学校的发展我是有信心的。"

现在,一些地方都希望詹大年去办分校,还有不少投资者到他办公室来希望能合作办学,重新给他修一座漂亮的校舍。但目前詹大年都没答应。他说:"我怕我的丑小鸭变味走样,我并不想通过办学来挣大钱,我的想法很单纯,就想按我的想法纯粹地做教育。你想,如果哪位投资者投入了大量的资金,我得对投资者负责呀。这样,东奔西跑的,跟孩子们在一起的时间不就少了吗?况且,办这样的学校,不是谁都可以接纳的。能办到哪一天,真的只有老天知道。"

我说:"其实,如果你的丑小鸭中学要扩大规模,在全国办几所分校,市场需求是不愁的,传统教育每天都源源不断地制造出丑小鸭中学所需要的生源。"

他说:"这个我知道。但我就是办一百所丑小鸭中学,也不可能挽救和转变所有被传统教育抛弃的孩子。我精力有限,做一点算一点,改变一个算一个吧。"

我说:"如果有人能够为丑小鸭中学重新修建一个漂亮宽敞的校园,也是好事。"

他说:"我不这样看,其实丑小鸭中学在哪里都无所谓,校舍是否豪华也不重要,关键在于学校是不是温馨的家。而目前,虽然我们学校很朴素、很简陋,但孩子们喜欢,并且依恋,我就觉得很好了!其实,我算不得一个办学者,我只是一个教师。"

二十二

我再次感受到，詹大年和丑小鸭中学的老师们是真正在"育人"。他们是把孩子当人，而不是知识的容器，不是做题的机器，不是考试的工具，呵护他们受伤的心灵，恢复他们受损的自尊，让他们不但有文化知识，也有生存能力，更有健全的人格、强健的大脑、坚忍的意志、博大的爱心、丰富的情感、开阔的视野……

丑小鸭中学着眼于每一个人的人格尊严、精神自由、快乐成长和全面发展。这就是真正的素质教育。

因为下午我还要赶飞机，不得不离开丑小鸭中学，向大年告别。上车前，我再次回望丑小鸭中学校园。

的确，和我第一次来一样，整个校园没有变化，依然朴素、洁净——当然，可能在一些人的眼中这叫"寒碜"。墙上看不到"校训""校风""教风"之类的文字，也没有"领导关怀"的大幅照片，总之，看不出有一点"校园文化"的"打造"痕迹。

但操场边的国旗杆下，有四个不那么醒目的字——"教真育爱"。国旗下两边的矮墙上分别写着两句话——"办家长放心的学校""做学生依恋的老师"。

放眼整个校园，就这么20字的"文化打造"，可这每一个字都不是标语，而是詹大年和他的同事发自内心的信念和日常生活的行动。

二十三

所谓"教真"，就是教育者以真诚去唤醒孩子的真诚，并给孩子以真实的而不是虚假的教育，同时教会学生成为一个真实的人。只有真人才能造就真人，教育者的真诚、真实、真性情、真思想，是培养真人的前提条件。不说假话，不做假事，实事求是，求真务实，如陶行知先生所说："千教万教教人求真，千学万学学做真人。"而没有一点"校园文化"痕迹的校园，正是体现了一种真实的校园文化。

所谓"育爱"，就是教育者以自己的善良之心培养善良的人，用爱滋润爱。这里的"培养"和"滋润"不是大张旗鼓的"教育"，而是教育者自身言行的示范与感染。所谓"真爱"就是不带功利的爱，就是明知学生考不上大学依然爱他，就是明知学生看上去不那么可爱甚至令人头疼却依然爱他，就是几乎所有学校的校长和老师都鄙视他赶他走，可詹大年和丑小鸭中学的老师依然把他当宝贝来爱……

所谓"办家长放心的学校"，就是让每一个把孩子送到这里来的家长，都能安安心心地回去，该干啥干啥，而不是连上班都心神不宁，随时准备接到班主任告状的电话，或老担心孩子会不会又被老师罚站了。相反，他们以把孩子送到丑小鸭中学而感到自豪，发自内心地说："总算放心了！"

所谓"做学生依恋的老师"，就是让每一个到这里来的孩子——其中大部分都是被"骗"来的、捆来的，有的甚至是五花大绑押送来的，甚至有被喂安眠药后运来的，都把詹校长和每一位老师当作自己最信任的人，向他们说悄悄话，都不愿再离开这里。

其实，就语言表达而言，这几句话毫无特色，我们在其他任何校园似乎都能看到，而且同样这个意思却在语言上更富新意的造句更多，但是，丑小鸭中学把这20字实实在在又自然而然地化作了每一个教师的日常行为，化作了每一个家长的切身体验，更化作了每一个孩子的细腻感受。

我没有夸张。

徐明亮、和健鹏、黎晋庭、张朋云、潘俞睿、靳子涵……以及每一个从"丑小鸭"蜕变成"白天鹅"的孩子，都可以做证。

2020年8月3日

"我很热爱班主任工作，可我几乎无法坚持下去了……"

——和马老师的聊天记录

马老师是一位中年女教师，几年前我曾应邀去她学校讲课，因此认识了她。当时，校长这样向我介绍马老师："这是一位很受学生欢迎的班主任，她非常有爱心！"据校长说，马老师在学校从来都是兢兢业业的，与世无争，她曾对德育副校长说，希望一直安排她当班主任。她善良，脾气好，加上从不在乎名利，所以在学校无论与领导还是和同事，关系都处得很好。可是，也许校长不知道，马老师虽然淡泊名利，但她很在乎学生，她的内心经常在"为了学生"和"为了学校"之间挣扎。

最近我去马老师所在的城市讲课时再次见到了她。她请我喝咖啡时，向我倾诉了她的苦恼。

一

李：你工作快 20 年了吧？

马：是的，李老师。时间过得真快！感觉刚从大学毕业呢，可再过十多年我都该退休了。唉！

李：叹息什么呢？你应该对自己的工作感到满意呀！学生爱戴，领导认可，家长满意，同事敬佩。难道你自己还不满意自己吗？

马：两年前的一天，我忽然想到，我都工作快 20 年了，我获得了什么呢？从物质待遇来说，作为一名教师，无论我如何努力,我也不可能致富;从荣誉来说,虽然不多,但我也不愿意再争取更多的荣誉了——如果能被动得到实事求是的荣誉,我倒很愿意,如果要我自己去搜罗证据、去争取荣誉,我会感到羞愧。既然我很难再获得让人艳羡的名利,我为什么还要被这名利左右呢?

李:我知道你是从不在乎名利的,所以你的荣誉称号不多,但据我所知,你的每一届学生及其家长对你评价都很高,这可是一个老师最高的荣誉啊!

马:但李老师,说实话,我却越来越感到对不住学生们了!

李:啊?你说你"对不住学生们",为什么?

马:因为我越来越无法做到"一切为了学生",心里有愧。本来,我绝对同意"为了一切学生,为了学生的一切,一切为了学生"这三句话的,但我作为一个普通教师,普普通通的班主任,现实告诉我,这三个"为了"其实很难做到,不过是口号而已。

李:三个"为了"当然是口号,但这个口号应该成为我们努力的方向。在我看来,你应该是那种服从学校安排的老师,然后就尽心尽力地投入工作中,是学校领导很放心也很信任的那一类老师。

马:这个我承认。的确,我其实自己内心认可坚持的做法并不多,绝大部分的工作只是听从安排并努力做好。但我现在越来越感到,如果我坚持遵守学校的规定,就会伤害我的学生。

李:为什么呢?

马:学校的教育教学活动,更多的是从学校整体的发展考虑,这样的考虑往往是短期的,比如学校迎接各种评比、争取各种荣誉、提升升学考试的重点率等。虽然这样的活动也会考虑学生整体的利益,但一般来说不会顾及学生的个体利益。也就是说,学校的教育教学活动,往往是只见林不见木。

李:同意。有时候我们一些校长心里想的往往是"学校发展""教育创新""课程改革""教学模式""彰显特色""争创品牌"……却忘记了具体的人。

马：但是作为一位普通教师，尤其是班主任，往往面对的是一个个鲜活的面孔，一个个具体的人和一件件具体的事情。如果一位普通老师想做到"为了学生的一切"，有时候必然会和学校的要求不一致。

二

李：能不能说点具体的例子？

马：太多了。比如，我很重视班级阅读，因为我相信，真正的教育就是自我教育，而阅读就是一个人最廉价且最容易的学习和自我教育方式。朱永新老师也说过，一个人的阅读史就是一个人的精神发育史，阅读的越多、质量越高，一个人的精神发育也就越健康。所以，我每届带班，都要有序推进班级集体阅读活动，阅读的书目主要是新教育阅读研究所推荐的读物，阅读的时间主要是每天午餐后的自习时间。

李：这样做是很好的！

马：但是，刚刚从六年级升到初一的学生，有的就是不喜欢阅读经典，或者说他读不懂经典，他们就喜欢读一些漫画、玄幻小说之类的。我知道每个学生的阅读基础、阅读趣味不一样，不能一刀切地要求必须阅读经典名著。在阅读的最初阶段，我允许同学们自由阅读，阅读任何自己喜欢的书籍。但我通过"阅读分享"引导同学尽可能地多阅读经典名著，所以，在初一第一学期的开始，我告诉学生，我们可以在课间阅读漫画或者自己喜欢的小说、杂志。

李：很好！你这样引导学生的阅读应该受到领导的好评。因为现在似乎所有学校都在打造"书香校园"。

马：但是，有一次我班一个学生找我诉苦说，他们在下课的时候阅读漫画，结果书被德育处巡视的老师没收了。第一次遇到这种情况让我有些哭笑不得。我一边安慰学生，一边思考如何向德育处的老师解释并要回学生的图书。虽然沟通也容易，学生的书籍也要回来了，但过了一周，我们班另一个学生在课间看杂志时，也被德育处另外一名老师没收了，当学生解释说班主任允许他们课间看杂志的时候，还被狠狠地批评了。

李：恕我直言，这两位德育处老师有些武断。

马：是呀，学生委屈，我也委屈。

李：这让你也很为难。

马：我只能又去找没收书的老师解释并要回图书。虽然这样很麻烦，但我还是告诉学生，课间放心阅读你们喜欢的读物，如果被没收，及时告诉我，我帮你们要回来！

李：你确实是为了学生，但和德育处老师的理念发生了冲突。

三

马：我希望我班学生的课间活动是丰富多彩的，可以阅读，可以聊天，可以下棋，可以扳手劲，等等。只是教室内杜绝追逐打闹，因为教室桌椅多，人多，追逐打闹容易发生碰伤。

李：在现行体制下，特别是在不少学校主张"严格规范"学生行为的背景下，你这样的做法，恐怕连学生也难以相信。

马：是呀！记得我说这一条的时候，还有几个男生不相信，还和我反复确认了课间是否真的可以下棋、扳手劲。第二天，有学生就带了象棋在课间下，我就是围观者之一。

李：你真的和学生打成一片了。

马：一天中午午自习的铃声响了之后，我从办公室往教室走，从三楼就看到一位副校长和年级主任刚刚巡视到一楼的我的班。那位年级主任进教室后很快就出来了，从神态看，多半是我们班纪律不好被批评了。我走到教室门口才发现，有人把象棋丢在了教室门口。我问了情况才知道，几个喜欢下棋的同学废寝忘食，都上自习课了还在继续，年级主任发现后批评他们不能下棋，抓起象棋丢了就走。

李：这样处理也太简单化了吧？

马：我安慰学生说，年级主任的意思是，课间下棋可以，但不能在自习课或者正课上下棋。但过了几天，这盘被重新捡起的象棋，最终还是回到我的办公桌上了。我估计，多半是学生在课堂上下棋被老师没收了。碰到年级主任才知道，是他在课间巡视的时候没收的。唉，我该如何给年级主任解释说，我们班课间，学生可以下棋的呢？

李：这个问题我也无法回答。只能叹息！我们的教育，我们的管理，有时候只着眼于看上去"井井有条"，而完全无视孩子的需要。学校，就是这样渐渐失去了对孩子的吸引力的！

四

马：还有关于学生的头发，尤其是男生的头发，一直困扰着我。

李：又怎么了？

马：在《中学生日常行为规范》第二条"穿戴整洁、朴素大方，不烫发，不染发，不化妆，不佩戴首饰，男生不留长发，女生不穿高跟鞋"中，明确规定"男生不留长发"。但是对于这个头发的长度，"仁者见仁，智者见智"。我觉得男生的头发只要"前不过眉后不过颈"，两侧不遮住耳朵就行。但我校的德育处规定，男生的头发更短——伸开五指插入头顶头发，握拳抓不住才算合格。

李：这就有点过分了吧！

马：上了初中的男生，越来越注意自己的形象，虽然故意留长发的不多，但没有多少人愿意把头发剪得太短。有些班级，如果男生的头发超过规定的长度，班主任会采取强制措施，更过分的就亲自操刀剪。但我对自己的底线是，绝不亲自下手给学生强制剪头发——首先，我对学生应该有最起码的尊重，其次，我也不会剪头发。

李：你是一个心肠柔软的老师，一直坚守着你的善良。但有些老师虽然本来也善良，可被学校的某些规定逼得心肠也越来越坚硬了，对学生越来越狠了。

马：可是，作为一个小小的班主任，我也不敢违反学校规定呀！那么我该怎么做才能对学生有起码的尊重又能配合学校的要求呢？首先，我只能苦口婆心了。我对学生说，学校之所以要求男生头发短，是因为对你们有好处：头发一长，你得勤洗，你还得弄个好看的发型，这些都会分散在学习方面的注意力；头发短的话，不会遮挡你的视线，打理也更加方便。如果他还是不愿意，我就和家长沟通。我这样做，大部分男生会比较配合剪成短发。

李：我很感动，为了在学生和学校之间找到"平衡点"，你真是煞费苦心了。

马：我想不通，《中学生日常行为规范》明明说的是男生"不留长发"，但绝对没有说男生的头发必须剪得很短呀！

李：我们有些领导在落实上级指示精神时，往往"层层加码""变本加厉"，却丝毫不顾及孩子的心理。

五

马：初二上学期的时候，我才发现我的班上有一个患重度抑郁症的女生。这不是我观察的结果，而是医院的诊断结果。看着家长给我发来的医院诊断结果和服用药物的照片，我不知道如何处理，只能马上联系心理老师，上报年级组和德育处。之后，我对这位女生多次观察，并进行沟通，一旦发现问题，比如情绪失控、自残，就及时向家长、心理老师、年级组和德育处报告，然后听从心理老师以及领导的建议。

李：你这样处理很好呀，难道还有什么问题吗？

马：但是，有些问题我不知道如何处理。一方面，医生的确给这位女生的诊断结论是重度抑郁，但没有说"住院治疗"或者说"停课休息"。另一方面，学校和家长多次沟通后，虽然签署了安全协议，其中明确说明要"家长陪读"。但是，家长从来没有到校陪读过。从领导的意思来看，家长能不能到班陪读，主要看我这位班主任的执行力了。

李：又把责任全部压在你身上了。

马：我了解这个女生的家庭，家长忙于生意，对女儿的关心很少；他们也基本上不相信是心理疾病。所以要放弃生意到学校来陪读，那是不可能的！虽然我多次根据安全协议要求家长到校来陪读，但家长就是避而不谈。家长不到班陪读，我只能上报领导，但我不能强迫家长到校陪读。

李：学校要求家长到校陪读，无非也是怕孩子出事而让学校担责。其实从教育的角度看，家长到校陪读也未必有效。

马：您说得太对了！经过我长期的了解，这个女生的抑郁症主要和家庭教育有关，如果家长到校陪读，我担心这个女生更加容易出问题。但是领导认为，这个女生在学校就像一枚定时炸弹一样，不知道什么时候会出事，建议我尽快让家长送孩子到医院治疗。但是医生再次的诊断也没有要求住院治疗，家长和学生也不愿意住院治疗——家长和学生就希望继续正常上学，如果不舒服就请假在家休息或者再到医院治疗或者咨询。

李：你是为了学生的健康成长，学校是为了"管理方便"和"别出事"。所谓"一切为了学生"，学校是写在墙上的口号，而你却真是想"一切为了学生"。

马：然后，我却被卡在中间，真的不知道如何做。本来我对班主任工作一直充满兴趣和热情，可这些事情多了，我在内心深处产生了动摇。

六

李：理解理解。类似的情况很多，这样的现象正挫伤着许多本来爱孩子的班主任！我觉得，学生不是一个抽象的概念，而是一个一个具体的孩子，每个孩子都不一样。我们的教育就应该针对每一个具体的孩子，少来些"一刀切"。

马：现在以班级授课制为主的学校教育，一个班级基本上是同样的教学内容，同样的要求。但是几乎每个班级总有这样的一两个学生不能适应这种"一刀切"的教育教学模式。因为不能适应，所以也就被称为"差生"。

李：孔夫子早就说过要"因材施教"，如果真正"因材施教"就不会有"差生"。

马：大概十年前我带过的一个班中，有一个男生贪玩又不合群，老是迟到，上课注意力难以集中，课后作业经常完成得不好，和同学关系也不是很融洽。所以他经常被老师批评，经常被班委批评，和他玩的学生也不多。我多次和他沟通之后逐渐对他有所了解：父母离异，跟着母亲生活，母亲是一个小会计，工作不稳定，为了工作东奔西跑，还得照顾儿子的学习和生活。记得一次他在小组日记中写道："我相信我的妈妈一定会找一个好工作的！"由此可见，这母子二人的生活还是比较艰难的。

李：而且从这句话可看出，孩子是非常懂事的，至少对妈妈很孝敬。

马：是呀！作为班主任，对这样的孩子你越是了解就越难以批评，我尽可能想办法多帮助他。我让他当我的课代表，负责收发作业，上课前帮我拿教具，记录上课各小组的评分；有时候事情太多做不完，我就让他给自己找一个帮手。虽然他因为作业问题或者课堂违纪还是经常被老师批评，但班委对他的批评少了，和他一起玩的同学也多了几个，除了生病外，从来没有有意旷过课。

李：这孩子后来怎样呢？

马：初一结束，我们这个年级重新分班，他分到了其他班级。他的新班主任是一位要求严格的老师，无法容忍他的不良行为，对他"赏罚分明"。但是这些不但没有效果，反倒让他"更坏"，经常请家长也无济于事。最后发展到他经常不上课在校园里逛，还偷东西。

李：有时候，一位班主任会改变一个孩子。如果孩子继续在你班上肯定不会是这样的。

马：问题是现在他不在我班上了。面对这些情况，我非常着急，可真的不知道如何去帮助这个孩子。虽然我和这位年轻班主任委婉地交流过，也和这个孩子私下交流过几次，但他还是那样。他的妈妈在我面前哭过几次，但我真的无能为力。初三开学不久，他妈妈就让他去读职高了。一次碰到他妈妈，她高兴地告诉我，她的儿子在职高变化很大，不但不逃课，还喜欢学习，自信心也增强了。

李：找到了适合他学习基础的学校，自然就有信心了。如果继续拿考大学甚至考重点大学去要求他，他依然不会有自信心。

马：我想，如果这孩子跟我三年，成绩好起来的可能性比较小，但至少能平稳地度过初中三年吧。

七

李：我以前也遇到过类似的学生，我的想法和你也是一样的，就是尽管我无法保证这样的孩子能考上重点高中，甚至可能连高中都考不上，但我一定要尽量让他在我班上有尊严地存在，受到尊重，并留下温馨的记忆。这是我们每一个教育者的良知所在。

马：是的，虽然我经过努力也做不到绝对地"为了学生的一切"，但作为一名普通教师，我的最高价值在于尽我所能——我的教育教学真正从学生的角度思考，我的教育教学行为，要真正为了学生的发展。德蕾莎修女说过这样一句话："我们都不是伟大的人，但我们可以用伟大的爱来做生活中每件平凡的事。"作为一名普通人，这句话就是我追求的理想。

李：马老师，你真的让我感动。面对强大的学校行政管理力量，你是无法硬抗的，但你已经尽可能用自己的肩膀为孩子撑起一片保护的天空，哪怕只是一点点，你班上的孩子们也会因你而比其他班的孩子多一些宽松，多获得一些自由的空间。

马：我也只能如此了，反正我又不想评职称、当先进了，不在乎学校领导怎么看我，我就在乎学生。

李：当然，最根本的解决办法，还得靠制度的改革。我们的教育管理、教育评价,应该真正体现"一切为了孩子",而不是"一切为了领导",或"一切为了管理方便"。唯有这样,不但孩子们不会受到伤害,而且许多像你这样的热爱教育、热爱孩子的老师也不会受到伤害。

马:李老师,我特别信任你,所以与你聊了这么多,虽然知道你也无奈,说了也无用,但向你倾吐,我心里好受多了。

李:我的确也很无奈,但可以做一些呼吁。今天的聊天,我准备整理一下,发在镇西茶馆上,你同意吗?

马:当然同意,因为我相信,有这些苦闷的班主任肯定不止我一个人。只是,请你在公开发表时,不要说出我的真名。

李:那是当然,我会给你取一个化名。

马:谢谢李老师!

2020年8月20日

教育，请别与孩子为敌

和马老师聊天的时候，我的心情就很复杂。在整理聊天记录的时候，我问过马老师，是否同意我公开这份聊天记录。她表示同意，只是希望用化名。她说："和我有相同苦恼的老师肯定还有很多，希望我的吐槽能够引起有关领导的重视，让热爱班主任工作的老师不再有来自领导的烦恼。"

我之所以说我的心情很复杂，是因为我也担任过学校的管理者，知道站在不同的角度对同一现象会有不同的看法，因而会有不同的处理方法。

马老师肯定没有错，相反，我认为马老师是一位真正把孩子放在心上的老师，如果不是这样，她怎会有这么多的苦恼呢？坦率地说，我从马老师身上看到了我年轻时的影子。我当班主任时有一个原则，如果学生和学校领导发生了冲突，我肯定是站在学生一边——当然，前提是学生的确没错。只是马老师没像我当年一样公开和领导"对着干"。但深入骨髓的儿童立场，是非常可贵的教育品质，也是教师素养的核心。

但也很难说马老师学校的领导有什么错，他们不过是从管理者出发，希望学校更加有序，教育教学秩序能够得到保障。制度一旦建立，当然就得有执行力，否则一个学校岂不乱套？而且，管理者有时会为了整个学校的利益，不得不"损害"甚至"牺牲"个别学生的利益，从长远看，这样的管理正是为了保证全校学生的健康发展。

那么，问题出在哪里呢？

我不愿意貌似公允地"各打五十大板"，说一些"一方面……另一方面……"之类正确的废话，我想旗帜鲜明地说：不能说马老师没有应改进之处，但更应该改进的，是学校的管理，而改进管理的前提，是改变学校领导的观念。

不，不，我这样说还不够准确。与其说是"改变领导的观念"，不如说是让包括学校领导在内的所有教育者回到教育的"起点"，或者说回到"初心"。

那么，教育的"起点"在哪里？教育的"初心"是什么呢？

就在许多学校的墙上："一切为了学生，为了学生的一切，为了一切学生！"类似的口号显目地镌刻在许多校园里，但往往是作为"文化打造"来呈现的，或者纯粹是为了表明这个学校有"办学理念"。却很少有人追问两个问题——

在这口号中，第一，"学生"是什么？第二，"一切"又是什么？

第一个问题的答案似乎比较简单："学生不就是学生吗？已经说得很明确了呀！"不对，同样是"学生"，在有的教育者眼里，是一片森林，而在有的教育者眼里，则是一棵一棵的树！对前者来说，"学生"不过是写文章做演讲时的一个概念，而对后者来说，"学生"则是每天面对的一个个天真活泼的孩子："王玲玲""李超伟""张小凤""黎茜""凌越"……如果"学生"只是一个集合概念，那么必然习惯于学生的服从与标准化，如大型团体操那般整齐划一；如果"学生"是一个个具体的人，那么以后更多地就要考虑每一个孩子的个性与特质及其心灵的舒展与自由。

第二个问题的答案略微复杂一些。"一切"似乎包罗万象，但同时似乎又什么都没有。当然，有的教育者会解释说："'一切'就包括了学生的德智体美劳方方面面的发展。"这样肯定没错，但还停留在教育的社会功能上，也就是说，所谓"德智体美劳全面发展"是国家、社会赋予教育的使命，即将学生培养为服务国家、振兴民族、推动文明的接班人、建设者和公民。这绝对没有错。如果教育不能完成这样的使命，就是失职。教育还有一个功能，就是：为"人"本身的发展服务。任何一个人都是社会人，具有工具属性；但同时，任何人都是他自己，其发展就是目的本身。因此，让人在最大程度上成为人自己，或者说，"成为最好的自己"，这也是教育的使命。应该说，教育的"服务社会"和"发展个人"这两种使命和功能是统一的，并不矛盾。但侧重有所不同——前者更多的是考虑国家和社会需要怎样的"人才"，后者着眼于怎样才能成就一个完整的"人"。

如果说，在教育功能与目的上，我们以前更多的是出于经济发展的考虑而强调社会本位，那么中国发展到现在，我们应该强调教育本来就有的个人本位——人本身的丰富多彩的发展。因此，作为关注人本身发展的"一切"就不仅仅是"德智体美劳"了，还有每一个孩子的特质的独一无二以及他们精神世界的丰富多彩，还有源于不同个体的所有需求……其中，最核心的因素，就是个性的张扬、心灵的舒展与精神的自由。所谓"为了孩子的一切"之"一切"首先就应该包括这些内容。

简言之，让每一个学生健康、自由而符合个性地发展，成为一个既有社会理想和建设能力又有自己精神生活的幸福的人，就是我们的教育初心。

遗憾的是，目前一些学校的管理思路，往往是着眼于学生的"听话""服从""整齐划一""循规蹈矩"。这显然是与我们的教育初心相悖的。而如果站在教育初心的高度——其实这个"高度"不过是我们的教育起点而已——自然就会明白，教育的目的，不是培养"听话"的庸人，而是造就"创造"的公民。

以这个立场来简单分析一下马老师说的那几个例子——

班主任提倡并创造条件让孩子们课外阅读，这是多好的事儿啊！可是，孩子们课间阅读时却被没收了书籍。也许没收书的老师认为学生阅读的书还不够"正能量"，也许他认为学生阅读这些与考试无关的书会影响成绩。且不说这些"认为"是否有道理，就算这些担心是成立的，那也应该在对学生多一分理解的前提下，尽可能充满尊重地引导，而不是简单地没收。在这里，教育者还是习惯于学生对自己"说一不二"的服从，完全没考虑过孩子的感受。

学校倡导积极的审美观念，包括通过学生的发式来引导学生形成健康的生活方式，这没错。但"倡导"不等于强制，学校规定男生的短发必须短到伸开五指插入头顶头发，握拳抓不住才算合格，就有些过分了。更过分的是，有些学校对发式"不规范"的学生采取包括班主任亲自操刀剪发的方式予以粗暴"强制"，这严重伤害了学生的尊严。

曾经有一个高一学生告诉我，班主任规定，课间除了上厕所，一进教室就必须学习。"我们连上厕所都得小跑。有时候看见班主任老师不在教室，我们便放松说笑起来，一旦看到班主任进来了，大家赶紧坐好，装作在做作业的样子。"我不知道这个孩子说的有多少代表性，反正我听了特别心疼。所以马老师允许学生课间下棋、掰手腕，就让我特别感动！然而，孩子们课间的这么点娱乐也要被干涉，我真不理解，这"教育"为什么要与孩子们为敌！我很想问问没收孩子象棋的老师：你怎么下得去手？

当然，学生上自习课也下棋那肯定是不对的，该遵守的纪律还得遵守，问题是，简单粗暴地收缴就能解决问题吗？何况有的孩子是课间下棋也被没收了象棋。有老师会说："课间下棋，会影响上课的，因为十分钟很难下完一盘棋，上课后学生还会继续想着下棋，这就会影响听课。"以想象中的担心为由，粗暴践踏孩子的课间娱乐，我实在看不出这样的教育有半点儿温度。何况，我认为这是一种被夸大了的担心，照这个逻辑，孩子什么都不能做，"因为他上课会继续想啊！"

与抑郁症学生的家长签订责任协议，并要求家长到学校来陪孩子读书，我完全理解学校的做法，因为我也当过校长。但问题是，我们的着眼点应该是更细致入微地关心孩子，而不是仅仅为了"别在学校出事"。遗憾的是，我们很多时候就是怕担责而简单处理。当然，一般来说，学校是应该考虑绝大多数学生的学习环境不被干扰，但同时我们同样应该关注具体的"这一个"抑郁症患者，"为了一切孩子"不就包括这个抑郁症孩子吗？一般来说，家长陪读是应该的，问题是这个孩子有其特殊性，她与父母的矛盾只会加重她的病情，所以对她的关照就应该更细致一些，一切以有利于她的学习和生活为准。当然，这会给学校领导、老师额外增加许多工作或者说"麻烦"，但平时所说的"一切为了孩子"就应该体现在这里。

"因材施教"说了两千多年了，我们也经常挂在嘴上，但一遇到具体的学生就忘得一干二净了。需要说明的是，"因材施教"之"材"不是标准意义上的"成才"，而是每一朵花儿都有自己独特的芬芳。非要让所有学生都削足适履地被一个模子塑造，这是教育的悲剧，更是教育给孩子造成的悲剧。

马老师说的那个学生也许永远都不可能在学习成绩上让老师满意，或达到某个统一的标准，但他有自己的独特的禀赋等待我们去发现，除此之外，马老师所发现的他的"孝顺"与"懂事"等品质，都是他做人的优点。如果我们关注"这一个"孩子，他完全可以成为一个"最好的自己"，从而赢得属于自己的成功。但学校为了"升学率"而以"分班"为由将这孩子换到了新的环境，完全改变了原来有利于他的成长环境，于是出现了让我们感到很心痛的后果。在这里，站在为保"升学率"的"大局"角度，无可厚非，学校没错，但换个角度，站在有利于"每一个"孩子成长的角度，问题就出来了。

我们的教育有时候就在这里背离了自己的初衷。应试教育的坦克突飞猛进，它在攻占"升学率"高地的同时，必然碾压着无数升学无望的"小草"。"为了一切学生"在这里成了一句漂亮而苍白甚至具有讽刺意味的口号，这才是教育真正的悲剧！

说了半天，朋友们最关心的是："怎么办？""该怎么做？"

说实话，我不是教育决策部门的管理者，所写所说不一定管用，但我还是愿意以一名心怀初心的老班主任的名义提一些建议——

对普通班主任来说，应该像马老师一样，尽可能在自己有所作为的范围内"枪口抬高一厘米"，或者说，守好自己的"一厘米主权"。前年，我在一篇文章中这样写道——

我们老师有没有自己的"一厘米主权"呢？当然有的。在应试压力下，我们无法改变教材，改变考试，改变评价，但我们至少不要变本加厉，相反我们应该尽量通过自己的教育智慧，适当给孩子减轻点来自学习的恐惧，用我们成人的肩膀为孩子承受住一些来自各方面的压力，让他们能够在课堂上开心一些，在班级里快乐一些。对他们说话柔和一些，对他们的眼光温暖一些……这就是我们的"枪口抬高一厘米"。

当然，这样做需要良知，需要勇气，也需要智慧，但并非做不到。至少，马老师就做到了，虽然她在做到的同时很痛苦，但她让自己的学生少了许多痛苦。

另外，我还建议班主任多和学校领导沟通。这里的"沟通"不仅仅是发生冲突后的解释和申辩，而是平时找机会多和有关领导聊天，聊教育观念，聊儿童立场，聊教育的人性与温度……好的老师要善于"转化"或"感化"自己的领导。我以前当班主任就是这样做的，而且多次成功。

当然，我很清楚，并不是所有校长都具有从善如流的胸襟，所以我这个建议在许多老师那里可能并不可行。

其实，我一开始就说了，"更应该改进的，是学校的管理"，所以，我特别想对校长、分管副校长和德育主任提两条建议——

第一，让学校的所有规定，都尽可能符合儿童的特点，让教育管理成为每一个儿童个性而自由发展的保障而不是阻碍。

几百上千人的学校，当然要有秩序；成长中的孩子，当然要有行为规则。所以，我从来就不反对学校的纪律和班级的规章，因为学校不是为某一个孩子而开设，是为所有学生而存在。关于纪律和规章的重要性无论怎么强调都不过分，对此我不再赘述。

问题是，纪律和规章永远只是手段，而不是目的。康德说："人是目的。"苏霍姆林斯基说："人是最高价值。"所以，作为教育手段的纪律，一定要尽可能符合儿童的特点，考虑儿童的尊严。当然，面对所有学生的纪律，不可能照顾到每一个学生的实际情况，但儿童共有的特点，完全应该在纪律制定者的视野之内。问题是，我们现在一些学校的规定，恰恰无视儿童的特点和他们的天性，甚至无视孩子的存在。举个例子，我在不少学校都看到这样的规定："校园内不得高声喧哗。""校园内不得追逐打闹。"我想，儿童的特点和天性不就是欢声笑语、活蹦乱跳吗？即"纪律"所指的"高声喧哗""追逐打闹"，你禁止了这种活泼，就是扼杀了儿童的天性。

我想到苏联教育家阿莫拉什维利的一段著名的话："谁爱儿童的叽叽喳喳声，谁就愿意从事教育工作，而谁爱儿童的叽叽喳喳声已经爱得入迷，谁就能获得自己的职业幸福。"每一个读到这段话的老师都会感动。可是，现在学校不许孩子们"叽叽喳喳"，你让热爱教育的老师们到哪里去"获得自己职业的幸福"？而且，校园没有了"高声喧哗"，没有了"追逐打闹"，没有了"叽叽喳喳"，这里是医院，还是教堂？

当然，举止文明的习惯养成，也是孩子成长的必修课，但得分清时间和地点。所以，在我的学校和我的班级，我是这样规定的："上课和集队集会以及其他庄严场合，不得高声喧哗。""教学区内不得追逐打闹。"除此之外，就是孩子们的自由。

另外，任何规定都无法排除特殊孩子的特殊情况。当某种特殊孩子的特殊情况和学校相关规定发生冲突时，教育者的人道主义情怀就发生作用了。这里，我没有刻意迁就学生而"网开一面"的意思，我是想说，孩子毕竟不是成人，成人世界的"法律面前人人平等"，有时候（注意，我说的是"有时候"）并不能同理可推地"兑换"成"纪律面前人人平等"。教育公平的含义之一，恰恰是差别化对待。"因材施教"正是教育公平的体现。所以，在一定条件下，对特殊孩子"特殊关怀"一下，没有什么不好。当然，这需要教育的智慧、艺术，更需要教育者的初心。

第二，应该给班主任以尽可能多的自主权，让班主任真正成为自己所带班的"国王"，而不是校长和德育主任的"助理"或"干事"。

学校管理者应该是从教育理念上为教师定向，在大的方面做一些符合教育特点的导向性规定，为包括班主任在内的教师提供教育教学的帮助，包括创造宽松和谐的工作环境，而不必巨细无遗地将管理的触角伸到每个班级，比如连学生课间下棋都要管，这样的领导就有些太"呕心沥血"了；连学生的发型都要亲自操刀"搞定"，这样的领导也太"身先士卒"了。你把什么活儿都干了，要班主任干什么呢？

而且，领导们的"率先垂范"往往干的都是"消灭"的事，即将一切与众不同掐死在萌芽状态。因为我们的教育总是习惯于一切都整齐划一。所以在很多时候，即使教育思想完全一致，班主任和学生在表现形式上的任何一点"与众不同"也会遭到扼杀。于是，班会的主题是统一的，墙报的内容是统一的，教室的布置是统一的，教案的写法是统一的，教学的程序是统一的，学生的评语是统一的，歌咏的曲目是统一的，学生的服装是统一的，课桌的套布是统一的……教育失去了个性，也就失去了生命！

像马老师讲述的那些事儿，如果她的学校给她一点儿自主权，那些事儿就不是事儿了，她也就少了很多烦恼，当然，她的学生也就会幸福得多，他们的成长也会顺利得多。

我们总习惯于对"所有学生"都统一要求，但却忘记了"所有"是由许多"单个"构成，没有了"单个"，所谓的"所有"便不存在。我希望所有的教育者永远记住：学生不是概念，而是你每天面对的一个个模样和性格都千姿百态的孩子。不是简单地规范他们的行为，而是进入、倾听并影响他们不同的心灵，真正的教育才可能发生。

也许领导有一万个理由证明"严明规定""严格要求""严肃处理"的必要性，但一个理由就足以让这些"理由"都站不住脚："教育——这首先是人学。不了解孩子——不了解他的智力发展，他的思维、兴趣、爱好、才能、禀赋、倾向，就谈不上教育。"（苏霍姆林斯基）

2020年12月28日

G 告 白
GAOBAI

对任何一个教育者来说,其教育失误是难以避免的也是可以原谅的:经验不足啊,工作粗心啊,方法简单啊,褒贬失当啊,等等。但是,最不能原谅的教育失误,便是对学生心灵的伤害。

您有过职业倦怠吗？

——兼谈我最适合的角色是教师而非校长

尽管做了九年校长，而且似乎做得还不错——注意，仅仅是"不错"，而非"很好"，但我还是觉得我最适合的角色是语文教师和班主任，而不是校长。

客观地说，从2006年我担任校长到2015年我卸任校长，九年间武侯实验中学发生了巨大的积极变化。但这些"积极变化"不是由于我的才干，而是因为——

第一，学校的副校长和中层干部们帮我承担或者说行使了管理职能，尤其是先后三任书记，同时兼有"常务副校长"的职责，他们有序而有效的管理，让我这个校长几乎仅仅是象征性的，所以我才可能去当班主任，才可能轮流到每个班去上课，才可能挨个找老师谈心……九年间，也有过几次"重大事件"，但有了他们，均化险为夷。

第二，我们学校绝大多数老师很好，不但理解并认同我提出的教育主张，而且支持我提出的教育改革，包括学校人事管理改革、课程改革、课堂改革……作为地处城郊的涉农学校，我们通过新教育实验推进平民教育，受到孩子们的喜欢，受到家长们的认可，受到各方好评。没有老师们的积极参与，这些都是不可想象的。

第三，教育局领导以及各部门的鼎力支持。这绝对不是套话。因为他们认为我是"专家"，所以不但给我创造尽可能宽松的环境，而且给我许多特殊的政策，比如课程改革和人事改革，还有评价改革，都让我的一些想法能够实施。还有领导们对我个性的宽容，包括对我说话和行事风格的包容，都是学校发生积极变化的重要因素。

当初任命我担任校长是教育局的决定，当然如果我坚决推辞，他们也不会强迫我。但一种想挑战自己的欲望和一点点虚荣心，让我抱着"试一试"的态度上任了。但我很快发现我真的不适合做校长，虽然我有理想、有想法（注意，不是"有思想"）、有激情，但毕竟一天行政干部都没有当过，连中层干部都没当过，直接由普通老师提拔为校长，能力方面的缺陷是显而易见的。

我缺乏统筹全局的能力，学校的人事、财务、教育、教学需要经营得井然有序，可我完全不熟悉。我缺乏协调斡旋的能力，上上下下、方方面面，有经验的校长能够长袖善舞，从容应对，而我完全是书生。我缺乏艺术地处理人际关系的能力，理论上我知道对上级、对同级、对下级应该有不同的相处方式，但我对谁都一样，直来直去。我这里一点都没有"变相表扬"自己的意思，对校长来说，这真的不是优点。我缺乏必要的韬晦和城府（这个词在这里没有贬义），我缺乏应有的沉着与冷静，我缺乏起码的客套（依然不是贬义）与礼仪……

总之，能够当九年校长而当得还"将就"，还被评为"特级校长"，纯属运气和被照顾。但我是有自知之明的，所以卸任校长四年多来，时不时有人（集团）邀请我"出山"当校长，我都毫不犹豫地推辞了。我知道他们请我，不是看中了我有能力，而是我有"名气"。我直率地对他们说："我真的不会当校长！"

他们可能认为我是虚心，其实我是心虚。

程红兵、李希贵、卢志文、李海林、刘长铭、崔其升、叶翠微……无论战略眼光还是待人胸襟，无论创新思想还是行政能力，我永远不及我朋友中的这些校长，他们当校长的高度，我永远达不到。这是我的肺腑之言。

但我十分自信地认为，我特别适合当教师——语文教师和班主任。我甚至可以说,我有当教师的天赋。

一旦我走进教室,置身于学生之中,就特别放松,特别自然,特别机智,特别潇洒……无论是语文教学还是班级管理,我总有那么多的新意,有那么多的即兴发挥,有那么多无法预料的精彩,有那么多的"随心所欲而不逾矩"……

我因此而上课成瘾,当班主任上瘾。

"上课成瘾"和我的学科专业有关。我是中文系毕业,从小喜欢文学,我觉得自己这辈子最开心的事之一,就是当了语文教师。教语文,和中国文化、文学、文字打交道,备课是享受,上课也是享受。而且在课堂上,学生们凝神地看着我,一双双晶莹的眼睛就像明亮的星星,我宛如置身于灿烂的星辰大海!我就是迷恋这种享受。

"当班主任上瘾"和我的性格有关。我曾写过一篇文章——《当老师也许是需要某些天赋的》,文中所写的那些天赋我几乎都有。我天性开朗,感情奔放,待人真诚,思想敏锐,对学生有亲和力,天生喜欢娃娃,看到小朋友就想摸他们的小脸蛋,就想逗他们笑,再加上有学生认可的"幽默"和"才华"……这一切,都让我当班主任如鱼得水。只要我新接一个班,第一天我就会让学生迷上我。

几十年过去了,我不敢说每一个学生都喜欢我和我的课,但绝大多数学生喜欢我和我的课。这是事实。不止一次,不同年代的学生来看我,都这样说:"李老师,你教我们的时候,我们天天都盼着上学,不想放假!"

几年前,曾有记者问我:"李老师,您说实话,您有没有过职业倦怠的时候?"

我回答说:"你要我'说实话',但你的语气已经表明了你想知道的答案——你就想我说'我也有过职业倦怠'。如果我这样说,你笔下的李老师就显得特别'真实',你还可以评论说,'连李老师这样的名师都有过职业倦怠',等等。但如果我说我'有过职业倦怠',恰恰就没有'说实话',

那是在为了迎合舆论而撒谎。真实的情况是,我从来没有过职业倦怠,因为我一直在享受教育!你就这样写,我不怕别人说我说大话,我只能实话实说。"

其实,我也没说"大话"。我之所以喜欢教师这份职业,绝非是为了这个"理想"那个"情怀"、这个"责任"那个"使命",不过是性格所致,兴趣使然。

仅此而已。真的。

2019 年 12 月 22 日

写给《班主任》的第一封"情书"

前不久,我为写作《教育的100种可能》一书,打开了尘封多年的"教育档案":学生的作业、作文、书信、贺卡、便条,还有我记录的教育案例、教育故事……在翻开书信底稿时(我一直有写信打草稿并留底稿的习惯),看到一封当年我写给《班主任》编辑部的信。这封信的底稿并不是我的手迹,而是我爱人帮我抄的。但那热情和幼稚的语言无疑是出自一颗年轻的心。读完这份"历史文献",我的思绪回到了35年前的夏天。

1985年6月10日,《光明日报》刊登了一则简讯:"《班主任》丛刊即将出版……"短短的几行字一下子吸引了我的注意力。我盯着那几排铅字,目光久久不愿移开。

那时我已经在四川省乐山一中工作三年多,一直担任班主任。因为年轻,也因为喜欢,我成天和孩子们泡在一起——不只工作日的教学和班务工作,连周末我都带着他们去郊外玩儿,我真的觉得自己离不开他们了。当然,也不仅仅是玩儿,也有教育实践中的探索与创新,最有名的无疑是"未来班"的建设:班训、班歌、班徽、班旗……还成立了各种"兴趣小组"(后来叫"社团"),还有思想节、音乐节、阅读节……教育形式丰富多彩,班级活动琳琅满目。

20多年以后,乐山一中老同事对我说:"你在20世纪80

年代就搞素质教育了,是素质教育的先行者。"可在还没有"素质教育"这个概念的年代,我的这些做法并不是人人都赞同的。但我很想把我的做法、思考甚至包括苦闷,找个地方说说,给更多的同行分享,或请同行帮我提提意见。

我喜欢写作,结合每天的日常工作,我除了写日记,还写了许多教育案例、教育故事、教育随笔等。可当时,全国根本就没有班主任老师发表文章的园地,我这些教育心得向谁诉说?有时候真的还是很孤独的——"把吴钩看了,栏杆拍遍,无人会,登临意"。

所以,当我看到《班主任》丛刊即将出版的消息后,我的欣喜与兴奋实在难以言表。两天后,我满怀虔诚地给《班主任》编辑部写了一封信——就是本文开头我提到的那份"历史文献"——

《班主任》丛刊编辑同志:

你们好!前两天偶然在《光明日报》上看到《班主任》丛刊即将创刊的消息,我很是欣喜。作为一名普通的班主任,我向你们表示诚挚的感谢!你们实在是做了一件有意义的好事啊!

…………

需要说明的是,当时《光明日报》的简讯的确说是"《班主任》丛刊",而不是"《班主任》杂志"。我至今没弄清楚其中的缘由,但毫无疑问,这里说的"《班主任》丛刊"就是后来直到今天仍对中国班主任事业起到重要引领作用的《班主任》杂志。(注:1985年,北京市教育科学研究所创办《班主任》杂志,初与光明日报出版社合作,以丛刊形式出版。1986年,改为双月刊。2000年,改为月刊)

虽然是第一次给《班主任》写信,但我完全袒露出一颗真诚的心。我在信中谈到当时我对班主任工作状况的忧虑——

不少人（社会上，也包括学校里的不少领导、教师）忽视对班主任工作的研究，甚至有人根本就不承认班主任工作是一门科学。在一般人心目中，班主任要么是耍嘴皮子、讲大道理，要么是维持纪律、哄孩子，而所谓"好的班主任"形象，不是"慈善的保姆"，就是"严厉的警察"……

我谈到对班主任工作的理解——

我认为，班主任工作不但是一门科学，而且是尖端科学，因为它研究的是人的心灵、人的精神，创造的是民族的未来！

我直率地指出了班主任科研不被重视的现象，并捎带"黑"了一下我的学校——

然而现在这项科研普遍未曾受到重视！我所教的是一个教改实验班，去年我曾同时向学校领导提交了两项改革实验方案："语文教改方案""班主任工作改革方案"。可结果是，对前者，学校领导发了"方案奖"以示重视；对后者，至今未予理睬。

当然，我没有指责学校领导，而是把这种现象归咎于"片面追求升学率"（当时还没有"应试教育"的说法）的思想，并罗列了"重智育轻德育"的几个表现——

要知道在新时期、新形势下，有多少新课题需要我们去研究、探索啊！可是这都被片面追求升学率的欲望掩盖了。由于这样，现在学校里的政治思想工作极为薄弱，不少老师、家长都埋怨学校教育与社会影响相冲突，感叹："老师苦口婆心一点钟，抵不住社会风气一分钟！"原因何在？我认为这并不主要是社会风气不好，而主要是我们的学校政治思想工作，包括班主任工作缺乏科学化。一方面，报上不断呼吁"加强政治思想工作"，另一方面，学校的政治思想工作又很不得力。表现在：1. 有的领导一心只抓升学率，很少甚至根本不抓学生思想教育；2. 多数学校领导思想工作方法简单、陈旧，与学生思想、心灵相差甚远，格格不入，甚至引起学生反感。而面对这种情况，任何一个忠诚于党的教育事业的教育工作者都会忧心忡忡的。……

在此基础上，我水到渠成地大赞《班主任》的应运而生——

因此，《班主任》丛刊的出版，为班主任工作的科研创造了条件，开了个好头，我由衷感到欣慰。

那时候，虽然我还是个初出茅庐的小伙子，但这不妨碍我不知天高地厚地给《班主任》"谆谆教诲"——

为让《班主任》丛刊办得更好一些，我有以下不成熟的建议，在此冒昧提出：1. 应该系统介绍国内外有关学生心理、思想教育工作方面的新知识以及新动态，为我们提供新信息；2. 特别要多登一些学生心理研究方面的文章，提倡研究学生；3. 选择一些在新时期班主任工作中经常容易引起争论的问题，展开讨论、争鸣；4. 加强各地有志于班主任工作研究的志同道合者的联系，以便经常能够交流思想、经验，共同探讨，不断提高；5. 应采用适当形式，让班主任工作的对象——学生也发表意见，参与班主任工作的研究；6. 如条件允许，《班主任》应办成期刊，定时出版。

我还情不自禁地以"老干部"的口吻"语重心长"地写道——

对于班主任工作的研究、改革，要说的还有很多，我总的愿望就是，各级领导应该重视并加强班主任科研，而《班主任》应办好，以成为一个科研阵地。

信的结尾，我假装"捎带""随意"的样子写道——

  随信寄去了一份稿子，这是我今年寒假写的。本意是想就自己三年多的班主任工作进行一下反思，看是否能从中提炼出一些规律性的东西，以促进今后的工作。由于时间紧迫，还未写完，文中的观点也不太成熟，我诚恳地欢迎你们多提意见。

那时候我虽然已经有文字发表，可都是一些零星的小诗之类，而教育类的文章一篇都还未曾"面世"，所以，虽然"还未写完""也不太成熟"，但我已经迫不及待地向还没正式诞生的《班主任》丛刊"求爱"了。

我随信寄去的是一篇题为《教育漫笔》的9000字教育手记，行文夹叙夹议，遣词朴素晓畅，完全模仿苏霍姆林斯基的文字风格。我说"还未写完"，其实是相对于我的宏大的写作计划，这只是开头的一部分，但它依然相对独立成章。虽然的确"不太成熟"，但很真实，很真诚。

信寄出去以后，虽然感觉收到回复的可能性不大，但潜意识里还是有所期盼。这份期盼只能默默藏于内心，不好意思示人。那份微妙的心情，简直就像偷偷给心爱的姑娘写了一封求爱信后一样：紧张、害羞，又有点焦灼不安。

一周过去了，没有消息；两周过去了，没有消息；一个月过去了，没有消息；两个月过去了，没有消息；三个月过去了，没有消息；半年过去了，没有消息……一直到年底，我彻底死心了，只好安慰自己：也许信寄丢了。但想想，寄丢的可能性不大，于是又安慰自己：没关系，又没人知道你给《班主任》写了"求爱信"，不丢人的。

随着时间的流逝，我的心情渐渐平复了，不再去想那封信了。但我并不因没有收到回信而怨恨《班主任》。我想，也许编辑部收到的全国各地的信很多吧，哪能一一回复呢？1985年年底，我又给《班主任》寄去了一篇稿子——反正那时候投稿一律免费，只需在信封上写"邮资总付"就行了。这次我没写信，反正能否收到还不一定呢！不过，万一收到了呢？

结果这次真的"万一"了。1986年春天，我收到了《班主任》主编王宝祥老师的回信——

李老师：

　　您好！

　　您第一次寄来的稿子，我们选取关于"师爱"的四个问题，分两次刊载（第1、第3期）。因您的稿子原文没有地址，信封又与其他稿件的信封混在一起，致使署名前的地址有误。请您原谅。现给您寄去86年第1期。稿酬不久亦将寄到。

　　最近，您寄来的稿子正在研读，如采用，当先与您联系。

　　请您多为我们撰稿。

　　顺祝

教安！

王宝祥
一九八六年三月十六日

原来是"原文没有地址"！我终于明白迟迟没有收到回信的原因了。

当时，我反复默念着这几行钢笔字，幸福的心情无法形容。这是我第一次给《班主任》投稿，居然就成功了——第一次"求爱"，就赢得了对方的妩媚的笑容。虽然回信晚了九个多月，但毕竟"求爱"成功。哈哈，还有比我更幸福的人吗？

既然人家主编王宝祥老师都"请"我多为他们"撰稿"，那我当然"恭敬不如从命"。其实，那几年，我的虚荣心与发表欲正空前强烈，撰稿自然源源不断。从那以后，我在《班主任》杂志（后来改为杂志）发表《未来班的实验报告》，发表青春教育的论文，发表我和孩子们的故事……在《班主任》杂志的鼓励和帮助下，我不断成长，从青年教师到"老班主任"，再到退休，

《班主任》几乎见证了我整个的班主任人生。

如今，我已经出版《爱心与教育》《做最好的班主任》《走进心灵》《幸福比优秀更重要》等数十部著作，在全国数十家报刊发表了上千篇文章，但我心如初，那份对教育的情怀，依然还像当年给《班主任》写第一封信时那么纯真与赤诚。

那是我写给《班主任》的第一封"情书"。爱情的最高境界是与爱人白头到老。整整过去35年了，我头已白，《班主任》却还没老，她也不会老，因为班主任事业是一棵常青树。在此，真诚祝福我的"爱人"——《班主任》杂志永远激情似火，青春如歌。

2020年5月4日

我的教育经历错误不断，伤痕累累

人们常说"电影是一门遗憾的艺术"，其实，教育又何尝不是一门遗憾的艺术——如果我们把教育当作艺术来追求的话。

也许有人会不同意我这个说法："电影一旦拍摄完毕，就很难再修改了。而教育中如果出现了失误，则完全可以在以后持续不断的教育实践中加以改进啊！"这话当然不是没有一点道理，因为我们的确可以在一届又一届的学生中改进我们的教育，但这是站在教师的角度考虑问题的。如果我们站在学生的角度看问题，就会感到，每一个学生只能享有一次中学时代的教育，而我们教育的失误给具体的某一位学生或某一届学生带来的不良后果，将是很难弥补的——如果这种失误是对学生心灵的伤害，那么，这种伤害很可能将伴随他的一生。

我从教十五年来，由于脾气不好、修养不高以及其他种种原因，曾不止一次出现失误，其中，最不能原谅也最让人痛心的失误，便是对学生心灵的伤害。

不知我这个观点对不对——

我认为，对任何一个教育者来说，其教育失误是难以避免的，也是可以原谅的：经验不足啊，工作粗心啊，方法简单啊，褒贬失当啊，等等。但是，最不能原谅的教育失误便是对学生心灵的伤害。

苏霍姆林斯基在谈到培养学生自我教育能力时认为，自我教育的前提是自我尊重。他这样谆谆告诫年轻的教育者："自我尊重取决于什么？怎么培养？年轻的朋友，请记住，这是一种非常脆弱的东西。对待它要极为小心，要小心得像对待一朵玫瑰花上颤动欲坠的露珠，因为在要摘掉这朵花时，不可抖掉那闪耀着小太阳的透明露珠。要培养自尊心，只能用温柔细致的教育手段。自尊心是不能容许采用粗鲁的、'强有力的'、'凭意志的'手段的。"

我曾多次在失误之后，这样原谅自己也这样对学生进行解释："我是真诚地爱学生，我是一片好心啊！"但是，现在我意识到，不管我们平时对学生有如何深厚的感情储备，不管我们过去在学生心目中有多高的威望，也不管我们以前对学生进行了多少"行之有效"的教育，只要我们深深地伤害了他们的心灵——也许是一记耳光，也许是一句辱骂，甚至也许只是一个鄙视的眼神——那么，这一切便都烟消云散了！

根据我的教训，教育者要尽量避免在这四方面对学生心灵造成伤害：打学生，用言语伤学生的自尊心，冤枉学生，在学生面前表现出对他绝望。

刚参加工作的那一年，我曾先后三次打学生，而且每次我都有"充足"的"理由"：我是因为爱我的学生，而打欺负他们的高年级学生。但我这种狭隘自私的爱，并没有让我的学生感激我，相反他们也认为我"有失身份"；而被我"教训"的高年级学生不但长期仇视我，而且对"人民教师"的神圣也产生了怀疑。这些我至今想起来仍然感到深深的内疚。

我批评学生时，有时不注意措辞，激愤之中往往尖酸刻薄。从教育手段来讲，可以说教育的艺术就是语言的艺术，但我的语言常常成了刺向学生心灵的刀子！

每当我自以为"雄辩"、自以为"尖锐"、自以为"辛辣"的时候，学生的面部表情满不在乎而心灵却在哭泣。更有甚者，有的学生可能已习惯于我的嘲讽而无动于衷了，所谓"哀莫大于心死"——这更是我教育的悲哀！

由于武断或主观偏见，我不止一次冤枉我的学生。说起来，好像冤枉学生也是难免的而且往往是偶然的,但是,如果仔细分析一下就会发现,我冤枉的学生往往是那些"后进学生":科任老师跟我反映课堂纪律不好,我首先想到的是某个"捣蛋分子";教室的玻璃窗被打碎了,我首先想到的是那些一贯舞枪弄棒的"调皮大王";班上的东西丢失了,我首先想到的也是某些有"前科"的学生……不能说我的这些想法没有一点道理,但如此定式思维,我冤枉一些我心目中的"后进学生"就是必然的了。结果,被冤枉的学生心灵痛苦不说,他们还会在思想上、感情上与我对立起来,以后我所有的"苦口婆心"都是白搭!

教育成功的诀窍之一,就是永远不让学生对他自己感到绝望。但我也曾多次在激愤中说出一些让学生感到绝望的话:"我永远不会相信你了!""看来你是教不好的了!""这是最后一次原谅你了!下次再犯,你就别来上学了!""我没有你这个学生!"……当学生本来是非常尊敬老师并认为老师是在真诚地帮助他的时候,这些话无疑会击碎他内心深处"想做好学生"的美好愿望。一个学生真正的堕落,有时候恰恰是从我们教育者的"绝情"开始的。

因此,我用我的教育失误真诚地告诫我的同行:永远不要对学生扬起你的拳头;永远不要用刻薄的语言对你的学生说话;宁可让学生欺骗十次也不冤枉学生一次;无论你的教育遇到了多么大的困难,都千万不要对学生说:"你是不可救药的!"

1997 年 9 月 5 日

童心不可欺

许多老师把我的教育理想化了,总觉得我的教育都是成功的,把我看成是一个十全十美的教师。这是误解。

我其实远不是许多老师想象的那么完美。我曾经说过,我几十年的教育既硕果累累,也伤痕累累——这里的"伤痕"指的是我犯的错误。

动手打学生(虽然不是我班上的学生)、用语言伤害学生的自尊心、有意无意地不公正处理一些问题……这些错误我曾经多次在我的书中写过。今天,我再揭自己一个"伤疤"。

前不久,我去重庆某学校讲课。三十多年前的学生李嘉文也赶来听,当我讲到他小时候的故事时,我请现在已经是著名眼科专家的李嘉文站起来亮相,全场给他以热烈的掌声。

中午吃饭时,李嘉文说到他的一个遗憾:"李老师,当年我是提前转学走了,但你曾经和我们约定进入21世纪时聚会。到了2000年,我们已经长大,我就一直等聚会的消息,结果你并没有组织聚会。"

他一说,我就想起来了,是的,当年是有过这个约定。但那时候我远在苏州读博,确实不方便专门回到乐山一中搞聚会。我解释了我当时的情况,说:"如果我还在学校教书,组织聚会是不难的,但那时候我重返校园,也是学生,在苏州大学攻读博士学位,时间确实很紧张。"

可李嘉文说:"当时我的确还盼着聚会。老师说话就要算数,如果做不到,就不应该给学生承诺。当时在我们这些孩子心中,老师说的每一句话,我们都很当真的。所以,大人不要轻易给小孩承诺,一旦承诺了,就一定要兑现。"

在《教育的100种可能》中,我写了李嘉文的成长故事,写了他后来获评"手术状元"的事业成功,也写了我俩几十年的交往。他那天在饭桌上对我的直言批评,证明了我们师生关系的纯真与纯正。

虽然他聊到这件事也只说了几句话,然后我们又聊其他的话题了,但他说的"不要轻易给小孩承诺,一旦承诺了,就一定要兑现"这句话,后来一直在我耳畔回响着。

过后我想,当初的确是有客观困难,妨碍了我回四川组织这次聚会,但如果我真正把这当成一件非做不可的事,无论多大的困难都不在话下。不就是缺几天课吗?不就是来回奔波几天吗?我还是在骨子里面根本就没把这事当成一件大事。那么多年过去了,我觉得学生可能也已经忘记了,不必当真。这才是关键。

可李嘉文还记着,我相信不只他一个人记着,许多学生都还记着,而且盼着。然后他们盼的结果是,李老师没有任何动静,李老师当初的庄严承诺最后不了了之。

后来,我和这个班的学生多次聚会。2017年这个班搞毕业30周年聚会时,大家都非常开心,没有一个学生提起当年约定2000年聚会的事。我想他们是理解我的客观原因,所以原谅我了吧。

真心感谢李嘉文,他的直言让我意识到我几乎已经忘记的承诺,更明白我犯了一个错误。

我想说,向学生们表示歉意,但一句"道歉"显然是苍白无力的。

我已退休,时光无法倒流。这真是一个无法挽回的错误了。

但还有许多老师没有退休啊,他们每天都面对孩子们,会不会也犯类似"说话不算数"的错误呢?

所以，我还是把这事写出来，向这个班的学生道歉（虽然我刚才说了，道歉是苍白无力的，但我还是愿意真诚地表示歉意）。我更想通过这件事提醒所有的老师——

老师对学生的每一个承诺都价值千金，都被孩子们记着！童心不可欺——我们可不能辜负一颗颗纯真的童心呀！

2020 年 10 月 20 日

假如我当年高考失败

也许是时代变了,近几年一些学校的高考"励志"口号,我感到是在把孩子往死里逼的节奏——

"不像角马一样落后,要像野狗一样战斗!""有来路,没退路;留退路,是绝路!""提高一分,干掉千人!""要成功,先发疯,下定决心往前冲!""只要学不死,就往死里学!""生时何必久睡,死后自会长眠!""累死你一个,幸福你一家!"……

按这些说法,四十多年前如果我没考上大学那就死定了。

是的,我确实以自己是77级大学生而自豪,我说"那次高考改变了我的命运"也没错。但我从来不认为只有那次高考成功,我的命运才会得以改变。人生的路那么长,对于有准备的人来说,机会绝不只有一次,不应该把人生的全部赌注都投放在高考上。所以,我对现在一些学校在高考前对学生进行那种"破釜沉舟"式的悲壮"励志"颇不以为然。

读到这里,也许会有人对我的"颇不以为然"也颇不以为然:你明明已经在四十多年前通过了高考,而且几十年来"功成名就",现在却轻飘飘地说"不应该把人生的全部赌注都投放在高考上",真是"站着说话不腰疼"!

不不不,我之所以这样说,恰恰是因为我多次假设的结果。这个"假设"就是——要是当年没通过高考,我会怎样?

其实，1977年高考能够通过，对我来说是一个意外的惊喜，因为我本来就没想到会通过。我已经做好参加1978年高考的准备，并开始复习外语了。我估计1978年的高考我会通过的。但是，如果依然考不上呢？我肯定会在1979年继续参加高考。但如果依然考不上呢？我估计我不会再考了。三次都没通过，我会觉得自己不是"读大学的料"。

当然，无论是当时的估计，还是现在的假设，我考不上大学的可能性极小，因为我从小学到中学成绩都很拔尖，就算一次失利，两次失利，第三次总归是能够考上的。

但万一我当年运气就那么差，阴差阳错地就没考上大学，我又会怎样呢？

1977年我在农村当知青，参加高考的唯一动机是早日离开农村。对我来说，当时只有这一条路走得通。不过，两年后已经在大学校园的我，得知知青大批返城，国家的政策为知青返城大开绿灯。所以，就算我没考上大学，两年后也能回到城里。这点我承认，我比纯粹的农村青年"优越"，这不公平。这种不公平是制度性的，我也无法改变。

但就算我能够回到城里也不一定有工作。记得当时全国大批知青返城，突然增加了就业压力，许多回城知青没有工作。那我呢？

20世纪五六十年代的小男孩差不多都有一个梦想："当解放军！"但我是一个例外。我小时候梦想的职业有两个：或者当新华书店的营业员，或者当电影公司的放映员。每天都可以看书，或者看电影，多美！所以，我小时候从来没有想过以后要当老师，也没想过当司机——当司机也是那个年代许多年轻人的向往。

我母亲是小学教师，20世纪70年代末80年代初，为了解决返城知青剧增的就业压力，国家曾短暂实施了几年的"顶替"政策，即父母年龄如果临近退休，子女可以顶替其职业，名曰"接班"。所以说，我回城后最大的可能是"接"我母亲的"班"当小学老师。从这个意义上说，我这一辈子和教育注定有缘。

当上小学老师后，我首先面临的将是学历过关拿文凭的问题。因为 20 世纪 80 年代已经非常重视学历了。我会和我的许多朋友一样，走电大或函授的路子：先专科，然后升本科。这条路会很艰难，从我那个时代的一些朋友的经历看，这条路往往要走十多年甚至二十多年。因此，后来我曾多次庆幸，我一次性考上大学，免去了同龄人许多艰难困苦。当然，这是后话。

但是，就算我真的走了自学拿文凭的路子，我坚信我肯定能够拿下文凭！因为我的学习能力，更因为我的毅力——这点，许多人都佩服我，我自己也不谦虚地承认。一旦决定做什么，就一定要全力以赴达到目标，绝不会半途而废。这是我的性格。

我还想说的是，我一边教学，一边学习，肯定也会取得我现在这样虽然有限却也让我欣慰的成绩，因为我有喜欢儿童的天性。过去没有想过当老师，这一天性没有显露，而一旦当上老师，这一天性会让我非常投入，以致将教育与生活，不，与人生融为一体。再加上我也有从事教育的一些天赋，比如敏锐，比如细腻；再加上我一直有着比较强的阅读能力和写作能力……有了这一切，我的教育不会不成功。虽然因为文凭的原因，教育之路会曲折一些，但走到我现在这一步，没有问题！

所以我说，就算当初我连续三次都没考上大学，也不会妨碍我成为一名受学生欢迎的老师，更不会妨碍我把我和学生的故事写成一本又一本的书。

一次性通过高考，使我后来的人生之路要顺利得多；但如果没有考上大学，尽管会艰难曲折一些，但我同样会找到职业的成就感与幸福感。

套话不一定是真理，但真理往往是套话。"考上大学并非人生成功的唯一途径。"这似乎是套话，但这确实是真理。许多我们现在所熟知的大师，比如钱穆、梁漱溟、沈从文、金克木、华罗庚……没有一个有大学文凭，他们只是中学毕业甚至小学毕业，后来却成了人文巨匠或科学泰斗。

还有阿里巴巴的创始人马云，第一学历是英语专科，但现在却成了世界级的巨贾。还有当代学界的谢泳，第一学历也是英语专科，但他学问方面的造诣使他成了著名专家,后来被厦门大学破格录用为教授。我的朋友中有许多著名学者、专家,其中有的第一学历都不高。北京师大的石中英、南京师大的项贤明、湖南师大的刘铁芳等,他们的第一学历都是中师,可他们现在都成了国内顶尖的中青年教育专家。如果要举基础教育的例子大家就更熟悉了,我尊敬的钱梦龙先生和魏书生老师,两人都只是初中毕业,后来却成了著名教育家。

第一次没考上大学,还有第二次、第三次……只要有内在的追求、自学的毅力、阅读的习惯,就算没有考上大学,人生一样会获得成功;反之,如果没有坚忍不拔的追求和持之以恒的毅力,就算以所谓"高考状元"的身份考上大学,最后照样一事无成——这样的例子还少吗?

我真诚地祝愿每一位孩子都如愿以偿,考上自己满意的大学;同时,也真诚地祝愿每一位孩子,假如高考失利,也"不坠青云之志"。向最好的努力,做最坏的打算。这样的心态,才最有利于高考。

在老师和家长都催命式地提醒孩子"高考倒计时"还有多少天,都魔鬼般拼命地"励志"的时候,我却写下这篇有些"泼冷水"甚至"不吉利"的文字,估计又会招致反感。但我这些"不顺耳""不中听"的肺腑之言,比起那些"不夺桂冠誓不回,哪怕销得人憔悴""我心一片磁针石,不读清华不肯休""青霄有路终须到,金榜无名誓不归""就算撞得头破血流,也要冲进一本的大楼"等所谓"励志"的口号,要实在得多。

2017年6月5日

我也曾经抄过别人的书

看见朋友高进儒老师在微信朋友圈里写的他的抄书经历，我不禁想到了自己也从事过同样的"勾当"。

想起来，最早抄的文字，是我母亲写的。那时候好像是二年级还是三年级，我记不清了，记得清的是当时刚学写作文。"文革"期间，写的多半是大批判和"忆苦思甜"的文章。这些成人文字我显然力不从心，于是，当小学老师的妈妈成了我的"秘书"，她大段大段地帮我写，我就抄。所以我的作文在班上常常被老师表扬。

不过，抄着抄着，我的作文水平的确渐渐提高了。随着年龄的增长——其实也还是小学生，我渐渐喜欢上了"成人读物"——《高玉宝》《红岩》《欧阳海之歌》……当时这些还有的是"禁书"，同龄人也不喜欢，可我读得十分痴迷，好的段落也抄。记得当时，我读金敬迈的《欧阳海之歌》，读到一段写火车奔驰："轻快、高昂的排气声滚滚而来，急促有力，好像列车正唱着一支进行曲在飞奔。这震撼着山川田野的轰隆轰隆的声音，在他听来，仿佛是：社会主义，社会主义，社会主义，社会主义……"我拍案叫绝，赶紧抄下来。抄到结尾，欧阳海挺身而出冲向铁轨，冲向疾驰而来的列车，然后倒在血泊中时，我一边抄一边擦眼泪。

那时候，唯一能够读的诗词，就是毛主席诗词。但我觉得够了,只要有毛主席诗词,其他的诗都是多余的。我一遍遍地读,一遍遍地抄,一遍遍地背:"万木霜天红烂漫,天兵怒气冲霄汉。""赤橙黄绿青蓝紫,谁持彩练当空舞?""看万山红遍,层林尽染;漫江碧透,百舸争流。鹰击长空,鱼翔浅底,万类霜天竞自由。""西风烈,长空雁叫霜晨月。""天高云淡,望断南飞雁。""四海翻腾云水怒,五洲震荡风雷激。"……这些已经融入我血液的句了,当年是怎样激荡了一颗少年的心?

  同时,我还读《毛泽东选集》。现在的年轻人会觉得可笑吧?一个小学生居然读领袖选集,读得懂吗?当然读不懂,但也不是一点都不懂,半懂不懂的吧!《星星之火,可以燎原》《南京政府向何处去?》《敦促杜聿明等投降书》《别了,司徒雷登》……这些"雄文",除了《星星之火,可以燎原》是抄的片段,其他几篇文章我都全文抄过的。

  再后来,到了"文革"后期,出版有些松动了,我抄魏巍的《幸福的花为勇士而开》,抄贺敬之的《放歌集》,还有李瑛、徐刚等人的诗歌,都是整本整本地抄。

  这些抄书,是一种模仿式的学习,就像初学书法者临帖。慢慢地,我的文字也有些贺敬之的味道了。作文一直在班上作为"范文",有时候还被老师拿到邻班去读。高中最后一学期,老师还让我上台给同学们讲"怎样写诗",讲了一个星期。高中毕业前夕,我"深情地"写了一首完全就是贺敬之风格的长诗《毕业之歌》。现在这些文字,虽然还保存着,但我实在是羞于再读了。

  然而,我不后悔少年时的这些"抄写"。正是因为这些抄写,让我学会(先是"模仿")了遣词造句,有的句式,有的气韵,已经融入了我的心灵深处。比如,直到现在我的文字或隐或显有着毛泽东的烙印。"成千成万的革命先烈,为着人民的利益在我们前头英勇地牺牲了,让我们高举起他们的旗帜,踏着他们的血迹前进吧!"这样的悲壮,这样的豪迈,不是现在还在我的文章中出现吗?"它是站在海岸遥望海中已经看得见桅杆尖头了的一只航船,它是立于高山之巅远看东方已见光芒四射喷薄欲出的一轮朝日,它是躁动于母腹中的快要成熟了的一个婴儿。"这样的一唱三叹，这样的气势磅礴，不是在我的文字中也"似曾相识"吗？

在大学，我为了恶补古典文学和外国文学——这些内容在脑海中基本上是空白，我又开始抄《诗经》，抄李白，抄杜甫，抄雨果，抄歌德……

当时《十月》杂志发表了署名"靳凡"的中篇小说《公开的情书》，这是以"爱情"的方式写"政治"，我和我的同学都被迷住了。我又开始抄书了——印象中，这是我最后一次抄文学作品。后来我参加工作，该书的单行本出版了，我还特意买了一本。再后来得知，原来这部小说的作者竟然是大名鼎鼎的金观涛、刘青峰夫妇。"靳凡"是他俩的笔名。

20世纪80年代，结合工作，我开始了哲学、教育学的大量阅读，又开始了抄写，不过已经不是整本书抄而是抄章节、抄片段：恩格斯《反杜林论》、萨特《存在与虚无》、苏霍姆林斯基《给教师的一百条建议》等这种抄写，断断续续一直到电脑和网络的出现。

我要特别说明的是，我这些抄书，都仅限于学习，我从来也没有将金敬迈、魏巍甚至毛泽东的文字当作自己的文字拿去投稿，也没有把贺敬之、徐刚、李瑛的诗当作自己的诗拿去发表。模仿是有的，那只是构思、句式、气势的模仿，绝不可能原封不动整段整段地"引进"，化为己有。

我初学写作时，对别人文章以及中外名著的抄写，毫无疑问是提高了我的写作能力，尤其是遣词造句和谋篇布局的能力，我所抄过的一些理论著作，也为我的文章注入了思想养料和逻辑力量；再加上后来我有比较丰富的实践，于是我才能写出并出版了八十来本虽然并不怎么样，但至少还是记录着我真情实感的小书：《爱心与教育》《走进心灵》《做最好的家长》《做最好的班主任》《幸福比优秀更重要》……所以我认为，如果从写作技巧的角度说，我这八十来本书，都是"抄"来的。

后来，我的文字和书也被人抄，但这是令我感动的抄写。1998年《爱心与教育》出版后，我到全国各地讲学，常常遇到许多老师对我说，他们含着眼泪抄我的《爱心与教育》，还有的老师抄《走进心灵》《做最好的老师》等拙作。在内蒙古、在苏州、在重庆……我都遇到这样让我感动的老师。

最近一次得知我的书被人抄，是去年在广元的范家小学，见了张平原校长，我送他一本新版的《爱心与教育》。他说："二十多年前，我手抄您的《爱心与教育》，常常抄到半夜……"

但有一种"抄"，就让我不舒服了——严格说起来，这些让我不舒服的不是"抄"，而是"抄袭"。我前面所说的，无论是我抄书，还是老师们抄我的书，都是基于学习的抄录，而不是基于剽窃的抄袭。

有时候我读报刊一些文章，或者读一些老师（有的还是名师甚至特级教师、教育专家）的著作，读着读着就眼熟：这不是我的文章吗？最近几年，也不时有网友向我提出"批评"，说我哪本书或哪篇文章里的话，是"抄袭"谁谁谁的。其实，是他们说的那个"谁谁谁"抄袭我的书。这种抄袭，很多时候相当精准，简直是"一丝不苟"地抄袭；有时候呢，则有所加工，将我书中的段落，切成几节，然后在其文中这里"镶嵌"几句，那里"点缀"几句，如此"编织"，几乎浑然天成——用现在的话说，叫"洗稿"。

曾经有一个书商，把我的好几本著作拿去"切割"，然后写了一本书，叫作《向李镇西学什么》。全文都是我的话，唯一改动的是人称，比如我的书中写："我认为……""我不同意这种观点……"在这本书中，全改成了"李镇西老师认为……""李镇西不同意这种观点……"

我偶然发现这本书，与作者联系，希望对方道歉，结果对方居然还给我"雄起"，我一怒之下打官司，结果当然是毫无悬念地胜诉，得到一笔不多的赔偿。

说实话，那些抄袭者将我的文章作为他们著作中的一部分，我虽然不太高兴，但他们中的许多人都是我熟悉的，有的甚至还是我的朋友，我就不好说什么了，心想，算是"友情赞助"吧！

但是，我可以不计较，可作为抄袭者自己不能心安理得啊！不是自己的东西就不能要，更不能去偷，这是幼儿园小朋友都明白的道理。作为一名老师，我们都教育学生"要做一个诚实的好孩子",可我们自己有时却不诚实,如果学生知道了多不好。把别人的文字当作自己的文字发表,一旦读者知道了,最后损害的是自己的形象。就算别人都不知道,可自己内心能够平静吗?

以前抄袭过我文章的老师和朋友,包括我不认识的读者,我希望以后不要继续抄袭了,如果这样,我依然会视你们为我的好朋友的。

因为人无完人,特别是在成长过程中,犯点小错误,也算是付出的代价。只是我希望这些朋友付出的这些代价,能够换来真正的成长。

2020 年 2 月 27 日

特级教师练摊儿记

今天是周日,又是一个好天气。

早早起来,开车至新九眼桥。把车停在附近的三官堂街,便在新九眼桥以北第二根电杆下,摆了个"代写书信"的摊儿。静候客户。

我旁边也有几个地摊:一位戴眼镜的老者摆的书摊,一位中年男子卖烧饼(同时"高价回收老酒名酒"),还有一位卖鲜荔枝。

当我坐下时,他们几位不约而同看着我,目光中有些惊异,也有一丝怜悯。

我有些尴尬,但既然出来了,那就豁出去了。

才过七点,除了少许晨跑者,行人不多。我们的摊位都还无人光顾,但大家都充满信心地等待着。

不一会儿,卖烧饼的第一个开张;紧接着,有位大嫂买了荔枝。只有我和卖书的老者无人问津。

我安慰自己,人只要先满足了物质需要,必然会有精神追求。我继续等待着。

果然,来了一个小姑娘,她先在旁边买了两个烧饼,然后朝我走来,怯生生地问我:"大爷,您真的可以帮我写信吗?"

我看她模样,十七八岁,应该正在读书,怎么连信都不会写?

她似乎看出了我的疑问，主动解释说："我在农村，小学没毕业就辍学了，读书时就是作文写不好。"

"没事儿，如果每一个人的作文都好，我就没生意了。"我跟她开玩笑，消除她的紧张不安，"你要写什么信呢？"

"我刚刚到成都打工，找到工作了，想给妈妈写一封短信，让她放心。"

"好，你坐下，稍等，一会儿就写好了。"我让她在我旁边坐下，便开始写了起来……

十分钟后，我把写好的信给她。付费时，她摸遍全身，涨红了脸对我说："忘带钱了……"

我正想说："没关系，你是我的第一个客户，开张大吉，我就免费了！"

可还没张开嘴，她说："我刚才买了两个烧饼，正想当早点，我把烧饼给你吧！"

于是，她把两个烧饼放在我桌上便跑了。

我想到前段时间，不少媒体刊发《扔下一万元便跑了》的文章。那如果此刻有记者看到，肯定会写一篇文章，题目是："她扔下烧饼便跑了"。

就在我为小姑娘写家书的时候，我摊位前的人越来越多了，渐渐把我围住了。旁边卖书的、卖烧饼的、卖荔枝的，都羡慕地看着我。

这时候，过来一队执勤的，因为我从没摆过摊，没和他们打过交道，所以不知道他们是哪个部门的。但我看见卖烧饼和卖荔枝的很紧张，卖荔枝的甚至想推着车跑，只有卖书的老者端坐着，依然在读书。

其实我也有些紧张，因为知道他们可能会管我。但怀中一张刚刚办下来的"摆摊证"给了我一丝侥幸：应该不会有事吧？

他们走到我身边，检查了我的证件。我除了给他们看崭新的"摆摊证"，还特意给他们看了我的"正高级教师资格证"和"特级教师证书"。

"我是合法经营……"我嗫嚅着，有些结巴，"政府，政府……现在不也提倡，提倡嘛……"

他们看了所有证书，没说什么，便走了。我松了一口气，擦了擦额上的汗。

可一位队长模样的人又折了回来，朝我走来，我的心又提起来了。

然而他面带笑容，问我："您（我没听错，他的确说的是'您'）摆摊是个人行为吧？"

"是呀！"我答道。

"您没有和谁联系过吧？"他又问。

我更加迷惑了："没有呀！我不知道摆个地摊还要给谁联系。我想摆，于是办了证，今天就出来了。"

他似乎松了一口气，然后对我说："哦，给您商量个事儿，是这样，您摆摊的事，可不可以算作我动员的呢？"

我简直听不懂他的话："什么'动员'？我不认识你呀！"

他给我解释："我们现在有任务，要求每人发展三个地摊，以推动地摊经济的发展。我想把您算在我的任务指标之内。"

"哦，是这样呀。"我明白了。

"行吗？帮个忙。"他的表情简直有点谄媚，笑容愈发迷人。

我说："没问题。"我心中升起一股扶贫的责任感，甚至崇高感。

他满意地走了。

可就这几分钟，我的摊位前已经人山人海，惊动了附近的交警。他们过来，对大家说："注意秩序！顺着街边排好队，一个一个地来。"

我的客户们很温顺，很快便排好队，虽然有几十米长，但确实不影响交通。

警察叔叔很满意地走了。

客户们的要求五花八门。有小伙子请我帮忙写求爱信；有老太太请我给儿子写催婚信；有老大爷请我代写一封感谢信，感谢一位老中医治好他多年的老寒腿；还有几位大嫂请我帮忙写举荐信，说她们所在社区主任非常爱民，非常敬业，她们想向上级推荐，让这位社区主任当市委书记，造福更多的百姓；还有一位高考落榜的姑娘要我代写遗书，她说连续三次没考上大学，没法活了……

除了遗书我没写,其他的要求我都满足了,每个客户都心满意足地离去了。连那个原本要我帮写遗书的姑娘,也放弃了轻生的念头。我劝她说:"姑娘啊,眼看国家就要进入全面小康社会了,好日子还长着呢!你怎么能轻生呢?"离去的时候,她不住地说"谢谢",还向我深深地鞠了一躬。

有一个看上去像农村来的老大娘,对我说:"我儿子在市里当公务员,最近来信对我说,他被提拔当副处长了。"

我说:"哟,儿子这么有出息!那我得祝贺您啊!"

谁知她叹了口气:"可别祝贺我了,我正着急呢?"

"您急什么呀?"我问。

她说:"都说现在官不好当,是什么高、高、高……"

"高危职业。"我补充道。

"对对对,就是这么个说法。"她说,"我们邻村一个孩子当了局长,没几年就被抓了,说是搞腐败。我怕我儿子也被抓。所以,我想请您代我给他写封信,叫他别当什么副处长了,安全要紧。"

我对她说:"大娘,您也不能这样说。咱共产党的干部绝大多数还是好干部嘛!再说现在反腐这么厉害,有些干部想腐败也越来越难了。儿子当了干部,就是为人民服务,你告诉他做一个心中装着老百姓的好官,像焦裕禄,像孔繁森,不就可以了吗?"

她看了看我,点点头:"嗯,您说得也对,好,就这样写。您就对他说,把每一个老百姓都当成我一样……"

我没听懂:"当成您一样?"

"是的,把老百姓当成自己妈!我儿子对我可好了,告诉他,他怎么对待我,就怎么对待老百姓!"

"好!"我想起,当年焦裕禄在大年除夕去看望村里一位贫困户,大娘眼睛瞎了,看不见,问:"您是谁呀?"焦裕禄回答说:"我是您儿子!"

一时间，我竟然有些感动。

大娘走了，又来了一个三十多岁的女子，她的要求很特别："请为我写一封绝交书。"

"啊？"我吃了一惊，"写给谁。"

"我老公，我要和他离婚！"

"结婚多久了？"

"今年春节。"

"啊？这才几个月呀！为什么要离婚？"我问。

"蜜月期间，他每天半夜起来看方方日记，严重影响我们的生活质量。我实在受不了了！"她越说越气愤。

我劝她："这不都过去了吗？"

"是过去了，但他至今挺方方，我不能和他继续生活！"她斩钉截铁地说。

我不知道该怎么回答，只好说："我真的不会写。再说，离婚直接去民政部门办理相关手续就可以了，不必先写什么'绝交书'。"

轮着一位中年妇女了。我一看，这不是我二十多年前教过的一个学生吗？

她说："李老师，我不是请您写信的，我是想咨询中考作文，我孩子今年中考，她作文不好……"我这才看清楚，她旁边还有一位初中生模样的女孩。

这显然超过我地摊的业务范围了，但因为是我的学生，理应特殊关照。

"这……我得想想。"我略一沉思，说，"这个话题很大，三言两语说不清楚，不过可以让她背几篇范文，写人一篇，写事一篇，写理一篇，一字不漏地背熟，装在肚子里，到时候根据题目临时加工组装。"

孩子母亲赶紧拿出小本子记录，直说："好的好的。"

"另外，我有一个好朋友叫吴非，是一个语文特级教师，他有一个很好的考场作文套路，我可以推荐给你……"

"太好啦！"孩子母亲说。

我说："你叫孩子记住一句话——'屈原向我们走来'。然后不管什么文章,都可以灵活地将这句话加进去。"

她说:"您能不能说具体些?"

我告诉她——

如果作文题是"山的沉稳,水的灵动",孩子可以这样写:"屈原向我们走来……他的爱国之情,像山一样沉稳;他的文思,像水一样灵动……"

如果作文题目是"凤头、猪肚、豹尾与人生的关系",孩子可以这样写:"屈原向我们走来……帝高阳之苗裔兮……他的出生,正是这样一种凤头……当他纵身跳入汨罗江时,他画出了人生的豹尾……"

如果作文题是"人与路",孩子可以这样写:"屈原向我们走来……他走的是一条什么样的路呢?……"

如果作文题是"怀想天空",孩子可以这样写:"屈原向我们走来……他仰望着楚国的天空……"

如果作文题是"好奇心",孩子可以这样写:"屈原向我们走来……那是为什么?我感到好奇……"

我还没说完,不但孩子母亲像鸡啄米一样不停点头称好,连小姑娘都跳起来了:"太好啦!我的作文有救啦!"

可孩子母亲想了想,好像觉得不对,突然说:"李老师,您当年教我们写作文可不是这样说的呀!我记得您当时特别反感公式化的作文,还批评有的同学背范文,您主张作文就是做人,真诚和真实是作文的生命。您说,写作就是让心泉自然而然地流淌……"

我有些尴尬,说:"是的是的,那些都没错。但现在是应试教育啊!"

"唉!"她叹了口气,"应试教育就是逼着人说违心的话,做违心的事啊!"

正说着,又来了几个学生,他们听说我在摆地摊,赶紧过来看看。

一看,便七嘴八舌地嚷开了——

"李老师,您真的摆地摊了呀?"

"真没想到,李老师退了休,生活还这么窘迫。"

"原来您的月收入也不到一千啊？"

……

他们甚至说："李老师，您不用在这里摆地摊帮人写信了，这能挣多少钱啊？这大热天的，多辛苦啊！我们帮您募捐吧，每一个人挂着募捐箱，到成都大街小巷去募捐，一天下来，肯定比您代写书信强！"

"哈哈哈！"我笑得眼泪都出来了，"你们真以为我缺钱啊！别担心，我的生活绝对无忧。我出来摆地摊，主要是响应政府号召，也算是为恢复经济做点贡献吧！"

这时候，一只蚊子叮在我脸上，我一个巴掌，啪的一声，蚊子没打着，脸却火辣辣的。我说："你们要是心疼李老师，去给我买一盒驱蚊片吧！""好嘞！"学生们去给我买蚊香了。

这时候，一个报童从我身边走过，我买了一份报纸，看到上面赫然一个标题"地摊经济不适合北京"。

我突然想到，成都虽然不是北京，但当年刘备建立蜀汉时曾定都于此，现在也还是四川的省会啊，既然报上说地摊经济不适合北京，那成都是不是也不适合啊？

头上虽然是烈日，但我的心却拔凉拔凉的。嗯，风向变了，我得赶快收摊。

于是，我对长长的队列说道："对不起了，我家里有急事，催我回去了。"

我来到停车处，正要打开车门，看见车窗上贴着一张纸条，仔细看，原来是违规停车罚款单。

糟了，扣分并罚款。今早的那么多信全白写了！

（这篇文字，纯属虚构；若有雷同，纯属巧合）

2020 年 6 月 7 日

不做"意见领袖",不为"圈粉"写作

一

最近的热点新闻真是一个接一个:

九岁女童章子欣被害。

山东大学为留学生配"学伴"。

国航航班"监督员"发飙。

安徽一老师因师生冲突自杀。

某市一15岁的优秀女生被某重点高中提前录取后跳楼身亡。

陕西某教师因为长期辱骂学生被撤销教师资格。

17年前的李尚平被杀案重启调查。

昨天张扣扣被判死刑……

当然,还有舆论沸沸扬扬的五莲一女教师因体罚学生而被过度过重处罚。

对最后一件事,不断有老师问我:"李老师怎么看?"或说:"希望李老师写文章评论一下。"

我知道这是广大老师——特别是"镇西茶馆"的读者——对我的无比信任和"崇敬"。为此,我感谢朋友们对我的信任,但拒绝被"崇敬",虽然我知道大家是真心的。

问题是,无论是信任还是"崇敬",都不是我"必须写"

什么的理由。

当然,我如果顺着"民意"去写这些新闻热点,随便弄个"10万+"的点击量进而"圈粉"无数是一点问题都没有。但我写文章从来不看"民意",相反我随时提醒自己,不要跌入"民粹"的坑里。

二

最近不断有人给我出"命题作文",要我就这个热点那个新闻写文章谈看法。一有突发事件,就问:"李老师怎么看?"为此,我再次声明我写作的三原则:不媚上,不迎合,不从众。写什么不写什么,我有自己的自由。有的事件大家的评论已经很多,是非一目了然,如果我写也不过是重复大家说过的话,何必非要我出来"站队""表态"呢?有的事件我保持沉默,就是一种态度,请尊重我。

这里以"五莲事件"为例。这件事在网上曝光后,评论者众,各种观点都有,但"主流观点"都是为这位老师抱不平,还有人质疑家长"有背景"。我也为这位老师抱不平,她犯了错,但不至于被二次处罚这么重——简直就不要她活了!谁能保证工作中不犯错呢?但如果一犯错就往死里整,谁还愿意当老师?如果(我说的是"如果")有确凿证据证明背后还有更复杂的因素,那就应该追查到底。

我特别同意这种观点:"教师惩戒学生和教育部门处罚教师,都得依法依规。"如果我写,也是写这些话。除此之外,我没有其他更独到、更"深刻"的观点了。既然没有新的想法,我何必写呢?关于"教育惩罚"的必要性,我十多年前就写过《没有惩罚的教育是不完整的教育》等文章,而且多次在"镇西茶馆"推出。所以我这次就不写了。如果要写,还是那些话,我不想重复说一些大家都说过的话。就这么简单。

所以,既然众口一词,那就不用我写了。"五莲事件"如果我要写,也无非是重新把大家的愤怒在文中再倾泻一遍,以博得"李老师真是我们一线老师的贴心人！""李老师的文章总是这么接地气！"等赞誉，然后当天的"粉丝量"噌噌噌地往上涨。仅此而已。我实在不愿这样做。

三

我写过不少热点时评的文章，当然不敢说每一篇的观点都非常正确——恰恰相反，正如以前已经有人批评的那样，我有些文章也不无偏颇之处；但我敢说，我的每一篇文章都发自我的内心，既不是奉命所写，也不是为了迎合"民意"而写；我既不怕"得罪领导"，也不怕"与人民为敌"。我不敢保证我的每一句话都是对的，但我能够保证我的每一个字都是真的。

既然要写，就最好要有新的思考——当然，这里"新的思考"不是"为新而新"，而首先是我真诚的想法。比如上次那个"操场埋尸"案披露后，最初我也没有想过要写评论，因为我要说的都被说了，那种义愤填膺的正气，已经在网上熊熊燃烧，哪需要我再慷慨激昂呢？

但后来我想到，正直的邓世平被埋在操场下永远沉默了，可还有许多活着的正直者却因"卑鄙是卑鄙者的通行证"而慢慢失去了正义的棱角，变得"懂事"了、"圆滑"了，尤其是刚参加工作的年轻人，如果他们不"识时务"，很可能被社会所吞噬——虽然不一定失去生命。于是，我在这则热点新闻渐渐冷却的时候，写了《做一个正直的人有多难——由"操场埋尸"案所想到的》。

四

其实，有的老师只是想从我的文章中找到符合他"口味"的观点。但我实在不想靠"揣摩读者心理"而写文章，我只想写我之所想，虽然无论我怎么写都会有人喝彩，有人不满。

如我在几年前一篇文章中所说——

> 我写《谁给谁抹了黑——请教屯留县纪委》，为几位 AA 制聚餐却被

通报批评的老师鸣不平，赢得网上一片喝彩："李老师和我们最贴心！""李老师才是真正的专家！"我写《体罚并非世界教育的主流》，戳穿所谓"世界上大多数国家的学校体罚都合法"的谎言，便有曾经的喝彩者说："站着说话不腰疼！""你来我们这里带个班就知道了！""李老师离一线老师越来越远了！"我写《也说"没有教不好的学生，只有不会教的老师"》，对这句流传很广的"名言"提出质疑，于是网上点赞不断："还是李老师理解我们！""李老师的文章总是那么接地气！"我写《夏老师没有自杀为何让有人失望》，于是先前有的点赞者又说："李镇西变了""让我们寒心"……

我以前写文章谈老师们的待遇、职称、过重工作负担等，赢得无数老师的"感动"，但我并不是刻意要"代表一线老师发声"，更不是受谁的委托"为民请愿"，而是我自己就是那样想的，我不过写出了我想说的话而已。

五

相比起"热点新闻"，我现在更关注"冷点现象"——这是我临时杜撰的一个词语，指的是生活中每天都存在的一些被容易人们视为"正常"的反常现象，比如我前几天发的《最可怕的并不是有这么假的照片，而是大家都习惯了》。那些触目惊心的事件，虽然也应该引起我们的重视，但毕竟不是生活的常态，而许多大家司空见惯以至于习惯（所以我说是"冷点"）的畸形甚至病态的现象，更应该引起我们的警惕。这就是我现在更关注"冷点"的原因。

我再次感谢朋友们对我的信任，同时还要特别强调，我就是一个退休教师，不是教育部新闻发言人，不是权威专家，更不是"意见领袖"。如果我的文章刚好表达了您的想法，那是巧合，当然也是我的荣幸。我是一名知识分子，所以我不可能不关注社会，关注时代，关注我们这个世界。方便时把我之所想写出来当然更好；但有时候不方便，我不写或者写了不发表，这也应该得到理解。

每一个人都有沉默的权利。如果您认为我是所谓"名人"，因而"必须承担更多的社会责任"，那是您对我的"误读"。我不愿被道德绑架，首先我自己就不能绑架自己。我始终提醒自己，我不过是一个写的文字比一般教师多一些的老教师而已，凭良心也凭我有限的学识（顺便说一句，有的老师也高估了我的文化水平。"文革"读小学、读中学的人，就真正的文化修养而言，基本上是一个半文盲），随心所欲地写我能够写的文字，就很好了。

六

其实，除了偶尔写写社会热点评论（可见我也不是绝对不评论社会热点），我更愿意写我的教育感悟和教育故事，包括我的教训和失误。不刻意"求新"，不耸人听闻，不迎合大众，不取悦领导，不装深刻，不端架子，不卖弄学问（其实我也没有什么"学问"可卖弄的）……就是老老实实地写内心，写常识。

朴素也罢，"浅薄"也罢，"写来写去就那一套"也罢，都是从我心里流淌出来的，这些文字可能老师们更爱读，而写出更多这样的文章，才能真正不辜负读者们对我的厚爱和信任；不然，一味"蹭热点"写一些大家都说的话，那我才真的是对不住大家！

——想着每天有许多真诚的读者认真读我的文章，我真是这样告诫自己的。

2019 年 7 月 18 日

S 时 评
SHIPING

教育就是人的解放,而这个"解放",首先是心灵的解放。要解放孩子的心灵,请先解放教育的心灵。要解放教育的心灵,请先解放教师的心灵!

学校不是无限责任公司

——十问龙里县教育局

不刻意蹭热点,这是"镇西茶馆"的原则。我总希望让新闻飞一会儿,以期出现更多信息,帮助我做出全面的判断。但这条新闻已经"飞"了20来天了,算不上"热点",可我心中有几句话憋得难受,不吐不快。

先看看这条已经不算新闻的新闻——

环球网报道:6月9日,网络上流传一段疑似学生受校外欺凌的视频,9日,贵州龙里县公安局通报,龙里某中学学生朱某因琐事和某小学学生蔡某发生矛盾,随后朱某约其他同学对蔡某进行殴打。6月11日,龙里县教育局发布关于网传学生校外欺凌事件的处理通报,公安机关、教育部门及学校对朱某某、罗某某2人进行批评教育,教育局对涉事学校校长及班主任进行停职处理。

虽然对这条新闻目瞪口呆,我却没有"及时"评论,还有一个原因,就是想等来有关部门——具体说,就是龙里县教育局——的解释:这是为什么?

然而直到今天,我没有看到龙里县教育局的任何解释。

于是,请允许我十问龙里县教育局——

一、学生在县城的小吃街附近河岸边(而不是在校内)发生霸凌事件,为什么要处理校长和班主任?

二、对于成长中的孩子,学校当然负有教育责任,但这是不是就意味着校长和教师对每一个学生 24 小时的行为都负有直接的责任？

三、如果说孩子在校外犯了事，就必须处理学校的教育者，那么同样对孩子负有第一教育责任的家长，是不是也应该一起处理？

四、每年从学校毕业的学生千千万万，如果他们当中有的人以后走上了犯罪道路，是不是也要把其母校（甚至幼儿园）的老师们拉出来"追究责任"？

五、教育局除了代表政府对学校的办学进行领导、组织、督导、监管之外，在普通校长和老师心中，还是一个可以诉说委屈的"娘家"，可龙里县教育局不但不为此事中没有犯错的校长、老师撑腰，反而还给他们处分，请问教育局领导，你是怎么想的？

六、如果无论何时何地学生只要犯了错，老师和校长就该承担责任，那么教育局所辖的学校出了事，局长是不是也应该被追究责任？

七、现在不少老师不愿意当班主任，并非全是不热爱教育，而是怕自己的教育忠诚经不起一次次的"非教育"的打击。龙里县教育局，你们为什么要把老师们对教育的满腔热血泼在阴沟里？

八、是谁授权你们把学校办成了教育的"无限责任公司"？

九、如果你们至今认为这个处理决定是正确的，可否拿出你们这样处理的合法依据？

十、如果你们觉得这个处理决定错了，可否改正错误，收回错误决定，并公开道歉？

其实，我在心里一万次地为你们"开脱"过：可能有一些你们不便明说的细节，让你们有足够的理由做出这样的决定。但我现在只能根据公开的信息，表达我的疑问。如果你们拿出了足以说服公众的处理依据，我愿意收回上述"十问"——是"收回"，不是道歉，因为任何公民都有权对国家机关和国家工作人员提出批评和建议。这是《中华人民共和国宪法》第四十一条赋予每一个公民的权利。

我，一个对教育一往情深、忠贞不渝的退休教师，期待着你们的回答。

2020 年 6 月 28 日

凭什么要教师"背锅"?

——再谈龙里欺凌事件的处理,兼议学校的责任与法规的边界

昨天"镇西茶馆"推出《学校不是无限责任公司——十问龙里县教育局》,就贵州省龙里县教育局因学生校外霸凌事件处分校长和班主任一事提出质疑。

文章发出不久,一位朋友发给我一个关于"教育部等十一部门关于印发《加强中小学生欺凌综合治理方案》的通知"的链接。该"通知"转发的《加强中小学欺凌综合治理方案》(以下简称《方案》)是多部门联合颁布的行政规章。

我揣摩,这可能是龙里县教育局做出那项处理决定的重要依据。如果真是这样,那我不得不说:龙里县教育局误读了这份《方案》。

该《方案》对中小学生欺凌做了这样的界定:"中小学生欺凌是发生在校园(包括中小学校和中等职业学校)内外、学生之间,一方(个体或群体)单次或多次蓄意或恶意通过肢体、语言及网络等手段实施欺负、侮辱,造成另一方(个体或群体)身体伤害、财产损失或精神损害等事件。"

这个界定没有错,学生之间的欺凌事件当然可能发生在校园内,也可能发生在社会上。那么,解决学生欺凌事件显然就不能仅仅靠教育行政部门和学校,所以这个《方案》的十一个联合印发单位是:教育部、中央综治办、最高人民法院、最高人民检察院、公安部、民政部、司法部、人力资源和社会保障部、共青团中央、

全国妇联、中国残联,这显示了中央决心"综合治理"学生欺凌现象的决心。

那么,面对校内外都可能发生的欺凌事件,教育行政部门和学校的主要责任是什么呢?《方案》明确指出:"教育行政(主管)部门和学校要重点抓好校园内欺凌事件的预防和处置;各部门要加强协作,综合治理,做好校园外欺凌事件的预防和处置。"

再明白不过了:学校主要负责校内欺凌事件的预防和处置,而校园外欺凌事件的预防和处置,由各部门"加强协作,综合治理"。

《方案》在"依法依规处置"一部分提出了具体的处理意见,对不同情况、不同严重程度的欺凌事件的处理办法都做了严格的规定。其中有一条指出:"涉及违反治安管理或者涉嫌犯罪的学生欺凌事件,处置以公安机关、人民法院、人民检察院为主。教育行政部门和学校要及时联络公安机关依法处置。"

在"建立问责处理机制"部分,《方案》指出:"对职责落实不到位、学生欺凌问题突出的地区和单位通过通报、约谈、挂牌督办、实施一票否决权制等方式进行综治领导责任追究。学生欺凌事件中存在失职渎职行为,因违纪违法应当承担责任的,给予党纪政纪处分;构成犯罪的,依法追究刑事责任。"这一条是针对包括教育行政部门和学校、法院、公安、司法、民政、共青团、妇联、残联等在内的所有相关部门而言,不只是针对教育部门。

由此可见,龙里县教育局让本来应该主要由各部门"加强协作、综合治理"、学校的主要任务是"联络公安机关依法处置"的校外欺凌事件,由学校校长和班主任来承担责任,确实不妥。

即使校长和班主任在这次"学生欺凌事件中存在失职渎职行为,因违纪违法应当承担责任",也应该有具体的事实依据,并在处理意见中明确显示出来。

然而,我们在龙里县教育局《关于网传学生校外"欺凌事件"处理情况通报》中丝毫看不到校长和班主任"失职渎职行为"和"违纪违法"的任何证据。

教育是一项神圣的事业。往小处说,它关系着孩子一生的成败;往大处说,决定着民族未来的兴衰。可以说,一个国家所有方面的辉煌或暗淡,经济、科技、文化、军事、外交、体育……都可以归功于或归咎于教育。所以在这个意义上看，我们说教育具有"无限责任"不是没有道理的。

但这里的"教育"指的是制度、课程、评价的教育体系和学校、社会与家庭的教育环境，不是教师某一个微观的教育行为；而这里的"责任"是指学校和教师对孩子承担的人格引领、思想影响、行为规范、素质提升、知识传授等方面的日常工作和使命，不是指教师某一具体的教育举措与学生将来某一具体言行的直接关联，更不是法律意义上的"过失"或"犯罪"应该承担的"责任"。

多年来，好多让学校老师背黑锅的事件都是这样"不明不白"发生的：孩子假期游泳溺亡、上学或回家路上遭遇车祸、因与父母发生冲突在家自杀、在社会上卷入各种冲突甚至犯罪案件……统统由学校和班主任承担责任甚至法律责任，这样的"教育"谁敢"热爱"？

所以，我们在承认教育有着无限责任的同时，有必要辨析并明确具体的教育行为责任在法规上的边界：哪些属于学校校长和教师的直接责任？哪些属于其他职能部门和家庭的直接责任？某一事件与校内和校外、社会和家庭存在哪些直接原因和间接关联？……

如果这一切都能够通过法律法规予以精确地明晰，那么学校完全可以建立法律顾问制度，聘请常年法律顾问，所有相关的"欺凌事件"和"安全事故"——其实，从广义上讲，"欺凌事件"也包含在"安全事故"中——都可以交给法律顾问，让法律顾问根据相关法规代学校处理相关事宜。

只有把这些因素清晰辨明并通过法规予以明确界定，学校教育才可能在更加明确自己责任的同时，获得回归教书育人意义上的解放与自由。

如果真的明确了教育的责任与法规边界，我相信，定会有越来越多的教育者更加认真负责地带班、上课——在增强教育使命感与责任心的同时，更加热爱教育，热爱孩子，并获得职业应有的幸福。

2020年6月30日

孩子可以放过，但其父不能轻易原谅

——对某科技大赛"获奖"小学生父亲《情况说明》的点评

几天前，关于昆明一小学生参加科技大赛造假的新闻震惊了国人。

有关媒体是这样报道的——

> 2020年7月12日，云南省昆明市六年级学生陈某石通过研究突变基因"在结直肠癌发生发展中的功能与机制"而获奖，引发争议。7月13日，中国科学院昆明动物研究所官网发布声明称，经初步核查，全国青少年科技创新大赛"C10orf67在结直肠癌发生发展中的功能与机制研究"获奖项目学生系我所研究员之子。7月14日，云南科协成立调查组调查"昆明小学生研究癌症获奖"。15日，全国青少年科技创新大赛组织委员会已成立专项调查工作组进行核查。15日，云南省赛事组委会发布通报，撤销"小学生研究癌症论文"一等奖。7月15日，研究癌症获奖小学生其父陈勇彬发声明道歉并提出上交奖项。

事件经过并不复杂，我却有些惊心动魄。

"惊心动魄"在于——讲诚信，不作假，这是幼儿园小朋友都明白的道理，难道参加全国青少年科技创新大赛的某小学生不明白？难道孩子的父亲、中国科学院昆明动物研究所研究员也不明白？

当基本底线成了最高标准，我们是不是感到了社会的某种危机？

我不愿意以"欺世盗名"来谴责一个六年级的小学生，毕竟孩子的虚荣心有时候也是可以理解的，因而其过失也可以原谅。他未来的人生还很长，我真希望这是他一生中最后一个"诚信污点"。

但孩子的父亲陈勇彬，我很难原谅。因为他不但是孩子造假的幕后推手和参与者，而且事情败露后，他面对舆论所发表的《情况说明》，缺乏应有的磊落与坦诚。

下面，是我对陈勇彬先生《情况说明》的点评——

关于本人孩子参加全国青少年科技大赛获奖项目的情况说明

标题告诉人们，这只是"情况说明"而非"道歉"。到这个时候了，您还躲闪什么呢？大大方方地在标题上写明"道歉"，不行吗？

本人针对全国青少年科技创新大赛获奖项目"C10orf67在结直肠癌发生发展中的功能与机制研究"情况作出如下说明：

1. 获奖学生为本人儿子，其受家庭环境影响，自幼接触相关科学知识，并形成了浓厚的科研兴趣。

强调良好的家庭教育和父母对孩子的正面影响，所以孩子早慧，且有浓厚的科研兴趣。言下之意，就是孩子本来就具有异于一般孩子的天赋资质与创造潜能。虽然措辞委婉，但掩饰不住的委屈之情，还是跃然纸上。

2. 孩子根据自身科研兴趣选择了本课题，并在其学校指导老师、父母及所在课题组研究生的共同指导下，通过观察学习和亲自实验操作，获得了该项目主要实验数据，并基本掌握了该项目涉及的基础概念和研究方法。

强调孩子对本课题的研究一开始就是其自主行为，课题是"根据自身科研兴趣选择"的，主要实验数据是靠孩子"亲自实验操作"所获得的；更牛的是，孩子还"基本掌握了该项目涉及的基础概念和研究方法"。给我的感觉，仅此几点，就足以证明孩子获奖受之无愧。

虽然这位慈父也笼统提到孩子受到了"学校指导老师、父母及所在课题组研究生的共同指导"，但并未指出（或许是有意不提？）父母究竟给了孩子以怎样的"指导"。这很关键的信息，慈父怎么就漏掉了？

3. 在项目申报过程中，我未充分掌握及领会组委会发布"项目报告必须是作者本人撰写"的关键信息，过度参与了项目书文本材料的编撰过程，使用了大量生物医学专业术语，给广大网友和媒体造成了困惑与误解。

终于羞答答地承认自己的问题了，但依然闪烁其词，极力辩解："未充分掌握及领会……""过度参与……"好像您很委屈，因为您并非有意犯错，只是理解"关键信息"有误。

可是我要问，作为中科院昆明动物研究所的研究员，居然不能"充分掌握及领会""项目报告必须是作者本人撰写"的含义？您的语文是哪个老师教的？（我们不少非研究员的语文阅读能力也比您强呢！）如此低下的语文阅读理解能力，您是怎么阅读专业书籍的？您是怎么评上研究员的？什么"过度参与……编撰过程"？不就是某种程度的"代笔"吗？

您岂止是"给广大网友和媒体造成了困惑与误解"，而是引起大家的愤怒，让学术界蒙羞，给孩子成长的精神世界注入了虚假的毒液！

由于我的疏忽与过错，给大赛组委会、工作单位和家人造成了极大的伤害，造成了不好的社会影响。在此，我郑重道歉。同时，我谨代表孩子向大赛组委会提出以下申请：申请上交该项目获得的奖项，并尊重和服从大赛组委会对该项目奖项的处理意见。

依然只是轻描淡写的"疏忽与过错"——因"疏忽"而"过错"，就是不愿承认自己是在帮孩子造假，是在违反学术道德和做人准则——这才是核心所在。

既然连这些都不承认，最后不得不表示的"郑重道歉"，就一点儿都不"郑重"了——缺乏诚意和深刻的道歉，毫无"郑重"可言。

您还"代表孩子"提出"申请"上交所获奖项，我觉得好笑：既然论文是孩子自己写的，您只不过是"过度参与"了"编撰过程"，您有什么资格替孩子做主而提出申请撤奖呢？最多您可以再"过度参与"一次，建议孩子自己提出"申请"，这才符合常理嘛！

还有，通过虚假手段获得的奖项，理应取消并追回相关奖励，这是不需要作假者"申请"的，难道您不申请，这奖就稳稳地在您孩子手中吗？您这一"申请"，好像还多"高风亮节"似的，我只能"呵呵"了。

在此次舆情中，孩子已经承受了极大的精神压力，为给孩子营造一个健康的成长环境，作为孩子的父亲，我虚心接受大家的监督与批评，也真诚地恳求广大网友和媒体给予宽容和谅解。

陈勇彬

2020 年 7 月 15 日

我也主张放过孩子，但必须弄清楚的是，所谓"孩子已经承受了极大的精神压力"，完全是您这位慈父一手造成的，没有您的"过度参与"，就没有后来这一切"精神压力"。所以，正是您作为父亲的"爱"，给了孩子以极大的伤害！因此，孩子今后是否有一个"健康的成长环境"，主要不取决于您恳求的"广大网友和媒体"，而取决于和孩子朝夕相处的您的一言一行！

毫不夸张地说，一个上学迟到的小学生所写的检讨，都比这篇文字真诚而深刻。

从这份缺乏诚意的《情况说明》中，我读到了一个家长家庭教育的失败。这里的"失败"，不是说他没有主动积极地对孩子进行诚信教育，而是他以自己不诚信的行为感染并影响着孩子的三观——当他"过度参与"孩子的"科研"时，他正在"反教育"；当他写下这篇《情况说明》时，也在反教育。

如果他向公众写一篇真诚而深刻的道歉信，这将是一个父亲身体力行给孩子示范"勇于担当""知错就改"的极好机会。遗憾的是，孩子没能得到一次有效的教育。

可怜的孩子！

我再次想到苏霍姆林斯基的一句名言："真正的父亲是无可替代的！"

2020 年 7 月 19 日

别"持续"了,干脆取消吧!

——对《关于全国青少年科技创新大赛获奖项目相关情况的声明》的点评

关于全国青少年科技创新大赛获奖项目相关情况的声明

近日,关于质疑全国青少年科技创新大赛个别获奖作品的网络报道引发社会关注。我们对此高度重视,已成立专项调查工作组进行核查,责成并督导相关省市青少年科技创新大赛组织单位对有关情况进行全面认真核查,并对相关调查进展做进一步核实,相关情况将及时向社会公布。如发现违反大赛规则问题,将依规严肃处理,绝不姑息。我们将以此为契机进一步完善大赛评审规则与程序,强化监管机制,更好引导和规范青少年参与科技创新实践活动。欢迎社会公众继续监督,共同促进大赛持续健康发展。

全国青少年科技创新大赛组织委员会秘书处

2020 年 7 月 15 日

该声明连同标题、落款、日期乃至每一个标点在内,共273 个字。语言精练,内涵丰富。从容不迫,滴水不漏。

但本人愚钝,还是有几点不解——

"关于质疑全国青少年科技创新大赛个别获奖作品的网络报道引发社会关注",不是谁都能够对"全国青少年科技创新大赛"的获奖作品提出质疑的,质疑者必须具有相当的科技素养和创新能力，因为这是国家级的获奖作品，只有国家级的专家评委才有质疑的专业水平。然而，遗憾的是，质疑恰恰不是源于本次大赛的专家评委，而是来自"网络报道"，即"吃瓜群众"。这不是有点荒唐吗？

"我们对此高度重视……"这句话让我忍俊不禁。如果不是吃瓜群众通过网络提出质疑，那你们是不是就不"重视"了？其实，如果你们早在舆论质疑前，就质疑每一个获奖项目，你们便没有必要来这个马后炮式的"重视"了。

所谓"已成立专项调查工作组进行核查"，还"责成并督导相关省市青少年科技创新大赛组织单位对有关情况进行全面认真核查"云云，我想说，这些"全面认真核查"，应该在评审的第一步就开始。也许，专家们在此之前也"核查"过，只是既不"全面"也不"认真"，不然，连老百姓都能提出"质疑"，独具科学之慧眼的专家们居然看不出问题？那么，为什么当初不"全面认真核查"呢？有什么难言之隐吗？

"相关情况将及时向社会公布"，这本来是评审过程中就应该向社会展示的透明度，现在才表这个态，只能说明在需要"及时向社会公布"时一点都不"及时"，甚至根本没有"向社会公布"。否则，何需这被动的多此一举？

"如发现违反大赛规则问题，将依规严肃处理，绝不姑息。"看似义正词严，实则"脱了裤子放屁"——难道对违反规则者严肃处理不是理所当然的吗？好像"绝不姑息"是一种特别高尚甚至有几分悲壮的举动。最基本的要求，却如此公开声明，这说明了什么？

"我们将以此为契机进一步完善大赛评审规则与程序，强化监管机制……"这话说到点子上了，关键是"评审规则与程序"的科学合理，同时必须"强化监管机制"。只是，有些问题并不是非得出了事才能够发现的。难道这次某小学生获奖的事不"反转"，你们就不知道"大赛评审规则与程序"是否"完善"吗？一个小学生"研究"出了博士生才能研究的课题，还"获奖"了，如此奇葩的获奖，才"倒逼"你们想到要"完善"，这不很可悲吗？"强化监管机制"说得好极了！只是，谁来"监管"？怎样"监管"？

"更好引导和规范青少年参与科技创新实践活动",愿望是好的,但恕我直言,对青少年参与科技创新实践活动而言,最好的"引导"和"规范"就是取消类似的大赛!不能说这样的大赛一点积极意义都没有,我相信最初举办这样活动的用意也是良好的,激发青少年科技创新热情呀,推动中国科技事业腾飞啊,等等,而且这么多年的大赛,估计也应该涌现出了一些科技创新的苗子。但弊大于利,实践中这样的活动在某种程度上已经成为追名逐利的途径,成为"应试教育"的"亲密战友"——因为和升学加分捆绑在一起,各种不择手段地弄虚作假,便是很自然的了。至于类似活动所潜藏的巨大利益,大家都心照不宣。

"欢迎社会公众继续监督,共同促进大赛持续健康发展。"其实,对于一项真正公正严肃的评奖活动,其公信力并不需要社会公众的任何监督。世界上最权威的评奖,莫过于诺贝尔奖了吧(我这里特指自然科学奖,至于文学奖、和平奖等一直有争议,不在我所指之内)?但是,我们从来没有听说过诺贝尔评奖需要"社会公众"的"监督",相反该奖的评奖过程一直很封闭,在显示出神圣的同时也有几分神秘。可是,一旦公布结果,大家都很信服,几乎无人质疑。为什么?因为评委的专业素养和职业诚信,让他们能够独立评审,而又能取信于世界。

可是,"青少年科技创新大赛"的评委们,具备这样的公信力吗?连外行的普通百姓都能看出违反常识的破绽,对某小学生的获奖项目提出质疑,衮衮诸评委居然看不出?鬼才相信!那么,为什么这样的"获奖项目"居然就层层通过了若干"程序"?我请秘书处回答。

希望这样的活动"持续健康发展",岂非缘木求鱼?

别"持续"了,干脆取消!

看到落款"全国青少年科技创新大赛组织委员会秘书处",我想,这次活动不就是你们"秘书处"组织的吗?现在你们又煞有介事发表这义正词严的声明,是不是有点滑稽?

声明的日期是"2020年7月15日",可昆明某小学生的参赛作品是 2019 年 12 月就在第 34 届全国青少年科技创新大赛活动获奖了。

请问秘书处,这 7 个多月的时间,你们干什么去了?

2020 年 7 月 19 日

你有写作的自由，我有不读的权利

——看那篇有争议的高考满分作文

一

高考满分作文《生活在树上》火了。

围绕对这篇作文的争议，甚至好友之间也越来越"不客气"了。我昨天在微信上对一位朋友说："一部方方日记让朋友撕裂，但愿一篇高考作文，不会影响我和你的友谊。"疫情发生以来，似乎什么都可以引发身边的"战争"，大到国际局势，小到高考作文……

但我必须自由地说出我想说的话。"不自由，毋宁死。"——呵呵，引用名言了，此文风学自《生活在树上》。

这篇作文我匆匆浏览一遍，完全不知所云。第二遍我逐字逐句地咀嚼、琢磨、推敲……前几段我基本上搞懂了，毕竟我也是教语文的，而且多少也有一点点"哲学底子"。但读了几段后我决定不再读了。道理很简单，我不想浪费时间。说得直白些，读懂了又怎样？人家又不是写给我看的，是写给阅卷老师看的。

有人说，这篇文章有思想含量，只要静下心来，细细研究，是不难读懂的。还有热心人士推出了该文的"注释版"，将文中的生僻字一一注音，将作者引用的语录一一释义，将一些难句一一解读，以扫清大众的阅读障碍。

我的天！一篇白话文，居然需要"注释版"，对大众来说，这样的文字意义何在？我有必要读吗？

当然，以上评论的前提是：这是一篇供大众阅读的公共文字。

但是，这是一篇公共文字吗？

显然不是。这不过就是一考生写的高考作文，评卷老师很欣赏，给了满分。仅此而已。

如果不是被披露，我们都无缘拜读，当然我们也没有必要读。

这里，就出现了三个层面的问题：

第一，作者有没有自由写作的权利？也就是说，作者可不可以随心所欲地写自己的文章？

第二，评卷老师有没有独立评价和给分的权利？也就是说，我们应不应该尊重评卷者对文章的欣赏与判断？

第三，这篇文章可不可以成为范文？也就是说，作为"指挥棒"的高考所推出的作文，应不应该引领中学语文教学特别是作文教学的潮流？

好多争议，都把这三个层面搅到一块了，"一锅煮"的结果是越煮越糊。

好，请容我试着分开说——当然也不可能绝对分开，这三个层面有联系，但毕竟还是可以相对"分开说"。

二

第一，作者有没有自由写作的权利？

答案是斩钉截铁的：当然有。

但考虑到这是高考考场，作文的每一个字都关系着作者的命运，所以作者绝对的心灵自由恐怕要打折扣。该考生也许（我说的是"也许"）会离开自己的真实心灵，可能（我说的是"可能"）有意无意（有意的成分估计多一些）迎合评卷老师而写作。

因此，这个答案应该是：有自由写作的权利，但一般考生不敢用这个权利。

该作者的高明或"聪明"就在于，他迎合得很巧妙，故意剑走偏锋，他有意写了一篇"不同凡响"的文章，生僻字、学术词、哲学名句（其实多数都不是"名句"）、海德格尔……还有就是隐晦的表达、繁复的结构和几乎已僵死的词语，比如不说"开端"而偏要说"嚆矢"，不说"展翅"而偏要说"振翮"。

作者指向很明确，就是要得高分！他戴着"得高分"的"镣铐"却相对自由地展示了自己的才情——无论如何，作者是读了许多远超过同龄人的学术著作，尽管确实消化得不那么通畅；他也确实有一些深度的思考，尽管有的问题他也还没完全想透彻。作为一个高三学生，阅读面广，爱思考，而且也有较强的写作能力，不得不说确实不容易——这就让他在考场上为自己赢得了一个相对自由的表达空间。

当然，这是有极大风险的——要么被打低分，比如第一位评卷者就只给他打了39分；要么获得高分，比如后来遇到"伯乐"竟然获得满分。

事实已经证明，他赌赢了。

一个考生完全有决定自己怎么写的权利和自由，包括李镇西在内的任何人都不容置喙（对不起，我这里也有意用了一个不常用的成语，其实就是无权多插嘴的意思，嘿嘿。）也就是说，人家想怎么写就怎么写，和别人是否看得懂一毛钱关系都没有！人家写的本身就不是时事新闻、人物通讯或社会评论，更不是"如何做水煮肉片"的说明书，又不是给大众读的文字，关你什么事？为什么一定要看你脸色写作呢？只要几位评卷老师认可就行了。当然，我刚才说了，他赢了。

从这个意义上说，该生的作文无可厚非。

顺便说一句，纯粹就语文素养而言，该考生无疑是在许多同龄人之上，给满分也许有些过分，但打零分或低分，对这样的孩子来说，也是不公平的。

三

第二，评卷老师有没有独立评价和给分的权利？也就是说，我们应该不应该尊重评卷者对文章的欣赏与判断？

我的看法是，当然应该尊重评卷老师的评价与给分，应该尊重其欣赏与判断的能力。

这种"尊重"似乎会带来不公平——如果遇到一个"不识货"的老师，很可能许多佳作便"死定了"，考生因此连专科都上不了。当然，也可能是因为"不识货"，许多劣作也给高分，最后居然进了211！

这显然不公平。可为什么我还是说要尊重评卷者的独立意志呢？

没办法，古人说"文无第一"，连诺贝尔文学奖都不能服众，何况一篇高考作文？

尽管现在阅卷时为了尽可能公平判分，采取了许多措施，建立了相关机制，以尽量避免一篇文章因某一阅卷老师的误判而损害了考生的利益，损害高考公正，比如这次这篇作文由39分到满分的过程，就是"纠错机制"使然。即使许多人对这个结果不满意，觉得给满分也不公平，但毕竟机制本身是值得赞赏的。

尽管如此，毕竟还是人在阅卷，是人就有主观性，是人就会有无法绝对排除的偏见，几个人也可能有共同的一致的某种倾向，所以误判依然无法绝对避免。但没法子，人类目前的智慧只能如此。换了谁做评卷人，都是这样。

所以，阅卷者给这篇作文打满分，也无可厚非。这是人家的职权。

四

第三，这篇文章可不可以成为范文？也就是说，作为"指挥棒"的高考所推出（或流出）的作文，应不应该引领中学语文教学特别是作文教学的潮流？

这才是争论的焦点。

按说，如果这篇文章不公开，就仅仅停留于上述第一、第二个层面，是不会有争议的，因为都是"个人爱好"和"内部事务"，不关我们的事。

但这篇文章一旦公开，就成了"公共读物"，公众有权要求"读得懂"。就像一盘菜，如果是做给自己吃，那随便我怎么做，与你何干？但如果是公共餐厅端出的菜不好吃，食客有权要求重新炒一盘。就算众口难调，但至少应尽可能让大家觉得好吃。这是不是苛求？

即使有人辩解，说这不过是一篇高考考场作文，毕竟不是《人民日报》社论，可是"高考满分作文"的光环，无论如何将使这篇文章有意无意成为一个高考作文训练的风向标。

这是不以人的意志为转移的客观现象。

既然如此，在这个层面上，我们有权就这篇文章该不该得满分，提出自己的看法，包括尖锐的批评。

许多富有爱心的人总是说，人家一个高三的孩子写了一篇作文，有些成人仅仅因为"读不懂"就大加讨伐，缺乏宽容，真是太霸道了！

为此，我要旗帜鲜明地说，种种尖锐的批评，不是对着孩子的，而是对着这种被提倡的文风的，对着因个人欣赏便试图让这种文风成为一种"作文标准"的成人的。

当然，没有谁会发文件宣布这篇高考作文将成为作文范文，但实际效果呢？尽管评卷专家在点评的最后也不痛不痒地说了一句："当然，其中的晦涩也不希望同学们模仿。"可有用吗？何况专家的点评已经把该文捧得很高了："这是一篇极少能碰到的考场作文。它的文字的老到和晦涩同在，思维的深刻与稳当皆备。""文章从头到尾逻辑严谨，说理到位，没有多余的废话，所有的引证也并非为了充门面或填充字数。"这样的文章一推出，其客观上起到的"示范作用"不言而喻。

国家也从来没有下达过文件，说要让高考成为整个基础教育的统帅，但事实上，"高考"二字本身就是风向标：考什么科目？怎么考试？分值如何？

各学科的题型如何？试题答案以及作文评分标准怎样？……都无一不牵动着亿万人民（首先是教师和考生）敏感的神经，指挥着课堂教学的方向，包括作文该如何写。

回想一下，恢复高考四十余年我们的作文走向，从"文革"余风尚存的假大空文章，到内容和形式都越来越固定的格式化作文，再到21世纪初突然出现的以引用旧诗文为特征的古典风，再到类似于动辄"屈原向我们走来"的玩深沉……不是已经深深地影响了中学的作文教学吗？引用几句古诗词和哲学名言，几乎成为一些老师和学生心目中优秀作文的必备元素，而真情实感、字雅文畅的清新文，则越来越稀少。有的考生，也许能够写得一手能得高分的高考作文，却不会写生活中自然晓畅的各种文字了。

五

或曰："难道作文不应该提倡创新吗？难道作文不也应该百花齐放吗？为什么容不下一篇富有个性的高考作文？"

我认为，作文的创新与百花齐放当然值得提倡甚至鼓励，但无论怎样在形式和内容上创新和百花齐放，有一个基本底线，就是要有利于交流和传播，因为——我反复说——文章是给人看的，那就要说人话，除非是你写了之后便锁入抽屉的私密日记。

语文不就是社会中人与人之间交往的工具吗？既然如此，说话写文，让人明白，这并不是苛求啊！就算是写给少数专业人士看的文字，也应该尽可能有利于你思想观点的传播，如果是自言自语，那你怎么写都行，而一旦进入交往领域，让人读懂是起码的要求。

其实也是最低的要求，因为一个学者真正的水平，是能够将最深刻的道理用最朴素的语言表达出来。越是学问精深者，表述其学问的语言越平实；因为学问大家已将知识融会贯通且思维清晰，所以善于把高深的道理转化成大众化的语言。恰恰是那些才学疏浅者，食古不化也食洋不化者，其语言才让人莫名其妙；因为才学有限者往往自己都没有把要说的道理弄明白，思维混乱，所以只好装腔作势，在吓唬别人的同时也糊弄自己。

硬着头皮写的，读者只能硬着头皮读；这话也可以反过来说，之所以读者读得吃力，是因为作者写得吃力。

有人以黑格尔、康德的著作为例，说"晦涩难懂的表达，并不妨碍深刻的思想，而且这样的文字有一种别样的美"。呵呵，姑且不说此论者可以从这样云遮雾罩的文字中读出"美"让我无比自卑；我想问："您不觉得把一个孩子同哲学大师相比太离谱了吗？捧杀啊！"何况，同样是思想深刻、学术厚实，《共产党宣言》《人间词话》《美的历程》《给教师的建议》……这样的著作不也因语言朴素平易却又不乏诗意而成为经典吗？

孩子写自己想写的文章是无辜的，哪怕其动机可能（我说的是"可能"，也许没有）不那么单纯，但个人的写作权利应该尊重。但某些专家把该作文公之于众，并大肆炒作，让并不值得在公众中提倡的文风传播开来，则应该引起我们的警惕。

这种现象，受到鄙视和批评，我认为理所当然。

你有写作的自由，我有不读的权利。

结论：个人爱好可以尊重，晦涩文风不宜提倡。

2020年8月4日

一个人要善良正直地活下去都很艰难,这是哪儿出了问题?

几乎所有新中国的孩子都是唱着"我们的祖国是花园,花园里花朵真鲜艳"的歌长大的,通过这首歌,亲爱的祖国给孩子们展现了一幅多么明媚的前景!"爱祖国,爱人民,鲜艳的红领巾飘扬在前胸!"唱这句歌词时,孩子们心中升起的一定是"时刻准备,建立功勋"的豪迈愿望。用现在很时髦的话来说,这就是"初心"。

最早唱这些歌儿的孩子们,现在已经六七十岁,有多少人坚守初心地走到了今天呢?

几乎在唱少先队队歌《我们是共产主义接班人》的同时,另一种"教育"已经开始:迎合大人,作文写假话,"不要乱说话",被打小报告,老实做事被斥责为"你傻不傻啊",投机取巧则被夸为"真聪明"……成人世界里的潜规则已经开始运行。

再大一些进入中学,可能因为善良而被人嘲笑,可能因为正直而遭遇挫败,于是"学乖了":什么该说(写),什么不该说(写),已经心知肚明,于是有了两套日记,心里想的不一定写在作文里,演讲时说的不一定是自己想的,"说话做事长点脑子好不好?"大人也这样告诫孩子。

于是,纯真开始蒙尘,童心开始生锈。

如果不这样呢?

我想到1987年11月，一位高一女生因为恪守善良正直而感到窒息，最后为真善美"殉道"而结束了自己十六岁的生命。为此我写下一篇《她给教育者留下什么"遗产"》长篇通讯，发表在1988年7月8日《中国青年报》第一版和第二版，反响强烈。

北京一位中学生给我写信道："我们想做好人，可社会容不下我们……"

32年过去了，这种情况好一些了吗？

如果好一些了，那为什么现在绝望乃至自杀的人更多了？

如果更严重了，那"社会的进步"以及"教育的成果"从何谈起？

当然，真正为了保持善良正直而走向绝路者是个别的，但有着同样苦闷而不得不苟活于世的人则绝非少数。许多人选择了各种"生存智慧"，从卡耐基的《人性的弱点》《人性的优点》等书中寻求为人处世的"策略"，包括说话的"技巧"。说一套，做一套，八面玲珑，察言观色，明哲保身，见风使舵，长袖善舞，游刃有余……人们说这叫"情商高"。

可钱理群教授则称之为"绝对的精致的利己主义"。当然也有极富智慧的成功者，所谓"圆融而不圆滑"，所谓"外圆内方"，但这样的高人太少，太少。

如果还有人理想不灭、信念不倒、善良如初、正直依然，那么人们会说这人"还不成熟啊""书生气十足"，当然更有蔑视的说法："不识时务！""这人读书读傻了！"

其实，我相信"人之初性本善"，绝大多数人都没有想过要放弃善良和正直。但人毕竟不是处在真空中，也要生活，更要生存。为此，有时候不得不放弃原则，迎合龌龊，最后活成了连自己都很恶心的人。

否则，即使不死，也伤痕累累。

这样的人生，谁输得起？即使自己想"我不管，豁出去"了，可有家庭有儿女，谁敢让亲人们陪着自己去"赌"？

以我60余年的人生阅历，几十年来，在我的视野里，能守住人性本色者多半不得志，而昧着良心的厚黑者则活得很滋润。

君子向隅而泣，小人春风得意。

真善美还管不管用？人类的美德、人性的良知还需要坚守吗？有人说："何必那么非黑即白？难道在真善美与假恶丑之间就不能有点平衡吗？"

好，请持此论者给我一个明确的答复——我们的教育，究竟应该教给孩子们些什么？

我知道任何社会都不可能绝对光明，总会有一些阴影，纯而又纯的社会只在天上。但让善良正直成为一个人立于不败之地的根本，使绝大多数人能够清清白白地工作，能过一种"不吃亏"的生活，这不算过分吧？

让好人有好报，这也是我的"中国梦"！

我们总是歌颂我们伟大的时代，歌颂我们辉煌的成就。这当然没错，只是我总忍不住想，这"伟大"和"辉煌"如果不落实于每一个普通公民踏踏实实的生活、坦坦荡荡的生命，恐怕这"伟大"也太空洞了，这"辉煌"也太苍白了。

别给我讲大道理，我只想朴素地问一声——

一个国家，一个社会，如果善良正直的人不想随波逐流地堕落，只是想干净而磊落地活着，却总是受压抑，被打击，遭遇种种不公，甚至连活下去都很艰难，这是哪儿出了问题？

2020 年 10 月 17 日

同行被害,我们能够做什么?

作为语文教师,我对词语比较敏感。所以这里先再次提醒一下,媒体将最近教师被学生杀害的事情,用"弑师"这个词来概括是错误的。

"弑"这个字的意思是"臣杀死君主或子女杀死父母",即下犯上之意,所以有"弑君""弑父""弑母"等词语,这是古代儒家尊卑思想在语言运用上的反映。最近几年,"弑师""弑医"之类的"词语"时不时出现在媒体上,这显然是某些媒体人基于对"弑"这个词的误解而误用的一个词。按这个逻辑,是不是还应该有"弑警""弑官"的说法呢?

我当然知道,语言的生命是动态的,词语的含义往往也随着时代的发展而变迁,哪怕一些明显的错别字,只要大多数人都这样错,那就不是错了。比如,"唾手可得"写(读)成"垂手可得",以前肯定是要判错的,但写的人多了,现在"垂手可得"也堂而皇之地进入了"词典"——其实,"垂手可得"的说法可以追溯到《水浒传》,你看,几百年后才"扶正"。还有"呆板",以前都读"呆(ái,二声)板",后来大多数人都读"呆(dāi,一声)板",那就"呆(dāi)板"吧!

但这样"将错就错"有一个重要原则,就是"约定俗成",而且这是一个长期的过程。在还没有"俗成"之前,语言运用还是规范点好。不然,人人都可以乱用词语,岂不乱套?这太不严肃了。对我们伟大的汉语来说，也缺乏一种应有的尊重。

最近，又有教师被学生杀害，不断有朋友期待着我写评论，有人甚至还不断追问："为什么不写？"我早就说过，我特别讨厌别人给我布置"命题作文"！写什么不写什么，我只取决于我的心灵。有感想就写，没有新的想法就不写。是非一目了然，那么多人厉声谴责，悲情控诉……还需要我多嘴吗？

我绝不愿意为迎合"粉丝"赚取流量而写一些纯粹只是煽情、宣泄的文字。那才是对读者的不真诚。

和朋友们一样，对于杀老师的学生，我一样的愤怒；对被杀的老师，我一样的哀伤；对于目前的教育环境，我一样的忧心忡忡。

关于这件事暴露出来的社会的、制度的、教育环境的等各方面的剖析，我以前写过太多的文章（比如去年对四川仁寿县那名初三学生砸老师的事，我连写了三篇文章），对此我没有更多的新的想法，今天我只想从学校和教师的角度，谈四点看法。

第一，学生杀老师的事件发生在校园内，但这绝不只是学校教育出了问题，甚至还不只是家庭教育出了问题，而是社会出了问题。几年前，我曾撰文分析师生之间产生暴力事件的社会土壤，有几句话，我这里重复一遍——

当整个社会都互不信任，弥漫着冷漠、充满了戾气时，还能指望校园是"桃花源"吗？既然不是"桃花源"，师生之间时不时发生"暴力事件"——或教师体罚学生，或学生袭击教师，不是很"正常"吗？

有人说，教师被学生伤害，这是学校安全管理出了问题，进而"建议"学校应该严格管理学生的一举一动，包括他们是否身藏凶器。如果一定要这样说，似乎也不是一点儿道理都没有。但是，学校是育人的地方，不是监狱，不可能把每一个学生当犯人一样管控。突发事件，是谁也意料不到的。这是整个社会环境恶化在学校的体现。

因此，发生了这样的事，就简单地谴责"学校管理"，是幼稚而浅薄的。

第二，类似的案件，都是未成年人所为。根据相关法律，未成年人犯罪不用完全承担甚至完全不用承担刑事责任，但我一直坚持我的主张：未成年人犯罪，家长虽然不能替犯罪孩子承担刑事责任，但也应受到相应的处罚。

目前，未成年人犯法，其监护人根据具体情况可能会承担民事赔偿，但除此之外呢？当然这个"处罚"不能人为地随心所欲，而应该通过程序修改相应的法规然后依法实施。

我不是法律专业人士，但作为一个普通公民，我总是想，"子不教，父之过"，因为家庭教育的缺失或不当，而导致子女犯罪给社会造成伤害，难道家长就一点法律责任都不应承担吗？

第三，其实，在防范伤害方面，教师能做的是很有限的。我们既不能直接惩罚行凶者，也不能参与法律的制定，更无力改变整个大气候。我们能够做到的，就是尽可能（当然也只能"尽可能"）通过调整工作方式，而自我保护，防患于未然，或将恶性事件伤害降低到最低程度。

平时在和学生接触中，尽可能把工作做细一些，尽可能随时感受他们的内心和情绪变化，特别是要尽可能减少甚至杜绝简单粗暴、容易激化矛盾的工作方式——注意，我这里不断地用"尽可能"三个字，说明任何事情都不可能绝对无懈可击，更不可能万无一失，但我们平时在和学生相处中，尽量细心细致一些，恶性事件发生的概率总归会低一些。

当我们在教育学生时，遇到蛮不讲理而且情绪特别暴躁的学生时，要学会"示弱"。这里的"示弱"，不是向不讲理的学生投降，而是避免事态的进一步恶化，将一触即发的矛盾暂时"冻结"。尤其是在学生失去理智的暴怒状态下，教师千万不要用"停课""请家长""处分"等语言刺激学生，相反，无论多么严厉的批评，都要给学生留有余地，让他感觉"事情并没有那么糟糕"。最好的办法是用语言软化学生，给对方台阶下，使其情绪渐渐平息，让学生回去想想。第二天，甚至过几天，再找学生谈。这样，事情的发展也许不会恶化。

我的好朋友、成都七中嘉祥外国语学校王川老师说："我觉得不激化矛盾、照顾孩子的情绪、控制好事态的发展，是成熟老师的标志。"我深以为然。这不是"对圣人的要求"，我们许多老师都做到了。

第四，我特别不赞同有些朋友以偏概全，因为有教师被杀或被伤害，便断言教师是"高危"职业，"以后谁还敢做教师啊""现在走进校园，说不准哪个学生就会捅我一刀"……

这种激愤之中的夸张之说，我完全能理解。毕竟看到自己的同行被杀，物伤其类，自然会想到自己的安危。但我们理智一些，就会客观地看到，尽管从绝对数量上讲，被学生杀害的老师已经不是一个两个，而且类似恶性事件发生得越来越频繁，但总体上说，还是属于极端事件。当然，哪怕是一例，都应该引起我们的警觉，更应该引起有关方面的重视，全方位予以防范。

面对失去理智而且有暴力倾向的学生，我们为了自己的安全，作为一种应对的策略，可以暂时"放弃"教育和管理；但如果对每一个学生都"有罪推定"，因为个别学生杀了教师，我们便断言现在的所有学生都"和过去不一样了"（其实多数孩子依然还是可爱的），便不信任任何学生，放松对学生应有的教育与管理，这便有悖于我们做教师的初衷了。

2020年1月8日

直言 ZHIYAN

真正优质的学校应该是"小而美"的学校,无论是过去的书院,还是现在的小微学校,都是如此。校长能够叫出全校学生的名字,老师能够在课堂上和每一个孩子一对一地交流沟通,这样的教育,想不"优质"都难!

有时候，教师不经意的话语或眼神对学生的伤害不亚于体罚与辱骂

应该说，真正体罚学生的老师是极个别的，辱骂学生的老师也不会是多数，所以我说，很多时候学生受到的伤害并不是来自教师的体罚或辱骂。

那么，来自什么呢？

来自教育者不经意或者说连自己都没有意识到的一些言行，甚至一丝表情。

那天和一个朋友喝茶聊天，她对我说："我读初中的时候，成绩中下等，总是不被老师待见。有一次，我去办公室问老师作业上的问题，她正在和班上一个尖子生说着什么，满脸笑容。明明知道我来了，她也不理我，连'等一下'都没说。我只好在一旁尴尬地站着。等了很久，她终于和那尖子生谈完了，才转身问我'什么事'，脸上的笑容没有了，语气也不冷不热。解答疑问时，三言两语就把我打发了。虽然我并没有完全懂，但我不敢说，只能不停地点头表示'懂了'。我也理解老师，毕竟我的成绩不好，不像优生那么讨她喜欢。三年中，老师其实很少批评我，但她一直让我自卑。"

我很想对她说，其实老师也很累，全班几十个学生不太可能一一关照得那么细心，你希望老师每次对你都要有笑容，有点为难老师了。

但我没有说，因为我这位朋友当时是一个孩子，她的年龄

决定了她有那样的心理，而那样的心理决定了她有那样的想法。

还有一个朋友对我说："我小学时数学不好，每次考试分数都不高，但很想学好。有一次老师说要成立一个数学兴趣小组，课后许多同学都去办公室报名，我也兴致勃勃去了。结果老师看见我，说了一句：'你的成绩，来凑什么热闹？'当时我羞愧极了，觉得没脸见人。从此我不但不喜欢这个老师，也不喜欢数学了。"

"你真是傻啊！"我很想对这位朋友说，"因为不喜欢老师就不喜欢数学，最后吃亏的不还是你自己吗？而数学老师依然是数学老师。"可我始终没有把这话说出口，因为我想，她当时还是一个孩子。

回想我的教育生涯，很多时候我其实也是他们回忆中的那类老师，只是我当时不知道罢了。

有一年我和三十多年前教过的初八七届学生聚会。赵刚同学对我说："李老师，刚进入初三的第一天报名结束后，你在班上表扬很多男同学，说他们经过一个暑假都长高了，你还说谁谁谁长高了多少厘米。我当时好想你表扬我啊，因为我一个暑假长了七厘米，可是，你表扬这个表扬那个，就是没表扬我，连看都不看我一眼！我当时气了很久。"

我听了哈哈大笑。心想，这都值得你生气？我当时只是随便表扬了几个长高了的同学，我怎么知道你也长高了呢？这事都要生气，也太小气了嘛！

但我转念一想，觉得赵刚"小气"，这是成人的想法，而当时，赵刚是一个小男孩，一个暑假长了那么高，多么希望老师能够知道并表示赞赏啊！可我却没有如他所愿表扬他。特别在乎老师表扬的他，感到受到了冷落。儿童的心就是这样。

于是我对赵刚说："是我的不对。虽然这么多年后的今天你才对我说，你也早就不为此事感到委屈了，但你说出来是有意义的，因为我还在当老师，这对我以后更加细心地对待学生，特别要以儿童的心理去理解儿童，是有帮助的！"

高九五届的孙任重同学对我特别尊敬，我也一直很欣赏他。自我感觉高中三年他除了偶尔犯点小错误被我批评外，我从没有伤害过他。毕业二十多年了，我俩一直保持着非常真诚而密切的情谊。有一次微信聊天说到了教育，他说高中时，我对他自尊心有过打击："那是高考前一诊考试后，我的作文得了 27 分，是全年级最高分。其实这个分数连我都很意外。但您在评讲试卷时，拿得了 25 分的一篇作文和我比较，还让同学们讨论，哪篇作文写得更好。您认为那篇作文比我的作文写得更好，虽然我得分更高。记得您当时还开玩笑说，是不是评卷老师 21 写得太潦草，看起来像 27 啊？其实，我也承认那篇作文写得比我好，但当时我却感觉被当众啪啪打脸，好像我是欺世盗名之徒。"

这事我完全一点印象都没有，我甚至不相信我会这样做。但我更相信孙任重不可能记错。他没必要冤枉我呀！我估计，当时我为了让学生们把作文写得更好，便表扬了那篇 25 分的作文——我可能认为那篇文章更好，更应该成为同学们作文的标杆（本来作文的评分就有主观性，很难绝对客观）。表扬那篇 25 分的作文也不是不可以，问题是我把孙任重的作文拿来比较，一褒一贬，还自以为"幽默"地说评卷老师打分的字迹潦草……确实太过分了，我完全没有想到孙任重的感受，更没有想到他所受到的伤害。

可当我对孙任重说"对不起"——迟到 25 年的道歉时，他却说："不怪您，您是一个正直的人，您当时可能只关注到了公正性。何况，您当时也只有三十多岁。"

我对他说："我知道你早已不记恨我了，但我还是惭愧。我经常说，学生的胸襟总是比老师宽阔。"

看，我一没体罚，二没辱骂，却重创了孙任重的心灵。

看了上面几个例子，有的老师可能会这样说："现在的学生心理太脆弱了嘛！这点委屈都受不了，以后能有什么出息呢？将来他们走上社会，遇到的挫折打击还多着呢！现在受点委屈，也是一种挫折教育嘛！现在的老师太难当了！"

加强对孩子的心理教育，这当然是有必要的，是教育的重要任务之一，我一点都不反对。尤其是动辄跳楼的孩子，其心理肯定是有严重缺陷的。但问题是，跳楼的孩子毕竟是极个别的，而面对更多的成长中还不成熟的孩子，我们应不应该更细心一些？应不应该尽可能感受进而尊重和保护一下孩子的精神世界？

在《帕夫雷什中学》里，苏霍姆林斯基这样写他是如何引导年轻老师尊重孩子的——

> 我不止一次地不得不为教师的一句话甚至一丝微笑或一瞥发怒的眼神而跟他进行一个钟头、两个钟头、三个钟头的谈话。有一次，在一个五年级班上检查家庭作业，文学课女教师叫起一个比较差的学生来。教师对这个学生独立造的一个句子感到不满意。她二话没说，便挥了一下手，这个孩子却为此哭了一个晚上……随后我只好花很长时间跟这位教师谈话，证明她错了，向她说明她这一挥手间反映了她的教育观点——对待学生态度冷漠，不相信这个学生能做出什么好事，默认坏学生永远是坏学生这一错误观点。

仅仅是"挥了一下手"，苏霍姆林斯基就找这位教师长时间谈话。这要放在今天的中国，会有多少校长和老师当回事呢？相反，可能更多的教育者会责怪孩子："玻璃心！老师既没批评也没有嘲讽，就'哭了一个晚上'！"

但苏霍姆林斯基是这样解释的——

> 要知道，教育是一种十分细致的精神活动。我们要把教育者对受教育者的影响，同音乐对人的影响相比拟。

我又想到了我国伟大的人民教育家陶行知先生对教师说过的一段十分感人的话——

您不可轻视小孩子的情感！他给您一块糖吃，是有汽车大王捐助一万万元的慷慨。他做了一个纸鸢飞不上去，是有齐柏林飞船造不成功一样的踌躇。他失手打破了一个泥娃娃，是有一个寡妇死了独生子那么悲哀。他没有打着他所讨厌的人，便好像是罗斯福讨不着机会带兵去打德国一般的怄气。他受了您盛怒之下的鞭挞，连在梦里也觉得有法国革命模样的恐怖。他写字想得双圈没得着，仿佛是候选总统落了选一样的失意。他想您抱他一忽儿而您偏去抱了别的孩子，好比是一个爱人被夺去一般的伤心。

　　对儿童的心灵世界竟有如此细腻的感受和深刻的理解，我只能说，陶行知先生的一颗真诚博大的爱心其实也是一颗纯洁无瑕的童心！这样的童心，不正是我们今天每一位教育者应该拥有的吗？

　　是的，我们的孩子应该更大气、更勇敢，所以我非常赞成对孩子进行心理健康教育以培养他们坚韧不拔的性格（为此，我还专门写过有关青春教育的专著《青春期悄悄话》）。但要求学生坚强而坚忍，不能成为我们伤害学生精神世界的理由。

　　也许有教育者觉得不公平："连举手投足、一颦一笑都要顾及孩子的感受，这对老师是不是太苛刻了？老师毕竟不是圣人！"

　　那么，将心比心，我们不妨回忆一下，我们当孩子的时候，是怎样敏感地在乎老师的话语和眼神？

2020 年 7 月 30 日

恕我直言，你是好人，但不适合当老师

在推出《有时候，教师不经意的话语或眼神对学生的伤害不亚于体罚与辱骂》一文前，估计会有不少老师反感，所以我特意为文章写的提要是："这对老师是不是太苛刻了？"

然而，读者的反应出乎我的意料，也让我欣慰。绝大多数留言都真诚地反思自己的教育，有老师检查自己是不是也无意中伤害了学生；有老师根据学生对自己的态度渐渐冷淡而检讨自己的态度；还有不少老师回忆自己的学生时代，的确是某个老师的一个眼神或语气，让自己的心灵蒙上阴影，进而告诉已经当了老师的自己要善待学生。

我的感动在于，在有的老师动辄抱怨学生的时候，这些老师却把审视的目光对准自己。他们都是一线的普通老师，我向他们表示深深的敬意！

其实，谁都会犯错误，我那篇文章中就写到自己对学生无意的伤害。但是不是好老师，并不是以是否犯错为标准，而是看这位老师如何对待错误，是否因为犯错而感到后悔，并坦然地向学生认错，进而改正错误，让类似的错误尽可能少犯——只能尽可能少犯。绝对不犯错，似乎不容易做到。

但是，也有那么个别读者（估计也是老师）很不认同我的观点，说："老师、学生都是普通人，都按普通人处理就可以了。你也可能因为一个不耐烦的态度对售票员耿耿于怀，但你还要

坐公交车，她也还要卖票。谁都不是圣人，就是孔圣人再世，人上一百也不是个个都跟他相处得好。"有的评论说："教师也是普通人，教师不是完人！"

这样留言的读者是个别，但我想有类似想法的老师绝不是个别。我相信，这样的老师是好人，生活中也很善良，而且在某方面也有自己的智慧。但恕我直言，这样的好人真不适合当老师。所以我在一个朋友的留言后回复道："'女怕嫁错郎，男怕入错行。'"我的意思是，建议他选择更适合自己的职业。

已经有人说我的文章"伤害"他了。可我一没谩骂，二没挖苦，只是语言直率，观点鲜明。如果你因此而感到"受伤害"，那我也没办法，我总得旗帜鲜明地说我的想法吧。比如，我今天说了，有的人很好，却不适合当老师。不高兴我也要说。

为什么有的人是好人，却未必适合当老师呢？

第一，不热爱教育。

是否热爱是一个情感问题，与道德无关。所以一个人不热爱教育，并不是什么缺点，更不可耻。就像我不热爱公务员工作，不热爱医疗工作，不热爱会计工作，没什么理由，就是从小不喜欢这些职业，这不能说是缺点吧？因为我不热爱这些职业，所以当年报考大学选择职业，我从没考虑从政、学医、搞财会。如果我不热爱某项职业，却要加入其中，这不但对不住自己也对不住职业，更对不住我服务的对象。

我知道有不少教师人非常好，是老公（妻子）的好妻子（老公），孩子的好妈妈（爸爸），是同事的好朋友，是小区的好邻居……但因为不热爱教育，所以当老师也勉强。当初填报师范，就不是发自内心的热爱，而是分数刚刚够那个档次，再加上父母说"毕竟当老师有寒暑假，也比较稳定"，所以不太情愿地读了师范。

因为不热爱教育，自然就不会真正喜欢孩子。我在成都石室中学教书时，德高望重的杜学钊老师曾经对我说："如果不热爱教育，不喜欢学生，不但老师痛苦，孩子也痛苦。"是的，如果对职业没有真诚而持续的情感，郁闷、焦虑、烦躁、痛苦会随时伴随，直至退休。

第二，对教师职业性质的认识有误。

有人说，教师职业的特点是和人打交道。这话不对，因为和人打交道的职业多着呢，医生、警察、商店营业员、公交车司机和售票员（不过现在很少有公交车售票员了），甚至街头修鞋的师傅，都是和人打交道。所以，以"和人打交道"来概括教师职业的特点是不对的。

教师职业的性质特点，不是和人打交道，而是和儿童打交道。注意，这里的"儿童"按《国际儿童公约》的定义，指的是十八岁以下（当然含十八岁）的人。因为我们的服务对象是特定年龄阶段的人，同样是和人打交道，师生关系却不同于社会上其他职业的从业者和服务对象的关系，比如有朋友说的公交车售票员和乘客的关系。把二者混为一谈，是对教师职业性质的认识不到位，因为这个不到位的认识，必然会妨碍自己的正常教育。

我们经常说"要把学生当人"，这话也不全对。教师把学生当人，比起过去把学生当学习机器无疑是进步的，但是要注意：第一，这里的"人"，是特定年龄阶段的儿童，而不是成人；第二，这里的"人"，是并未定型且还在成长中的人；第三，这里的"人"，是必须被教育者细心关注其丰富精神世界的人，即他们是有个性的人。并不是说其他职业就不关注人的精神，但教育职业更关注甚至必须关注而且是更加细心地关注"人"的精神世界，以及精神世界的细微精妙之处。

正因为如此，从事教育的人，就不能说是"普通的人"，而是能够洞察并合乎孩子心灵世界的人。

每一种职业的从业人员，都有着属于本职业特有的属性，每种职业的从业者，也有着某种特殊的本领。那么对教师来说，最重要的特殊本领，就是理解并尊重儿童的心灵。

这不是我在拔高教师，更不是在道德绑架谁，而是职业性质、职业特点和职业要求。

既然无法认同教育职业性质、特点和要求，那肯定不适合当老师。就像我不理解也不认同公务员、医生、会计的某些特点和要求，所以我不会去从事那些职业一样。

第三，缺乏反思精神。

并不是说，一旦"误入"了教师行业，就绝对不能当好老师。不是的。也有老师曾经不喜欢，后来却爱上了教育。所以"先结婚后恋爱"，这样的优秀老师也不少。

为什么原本并不是出于真情而报考师范，但后来却成了深受孩子喜欢的教师？原因很多，比如，在工作中渐渐发现了乐趣，在和学生交往中慢慢感到了幸福，在研究教育中越来越多地获得了成就感，等等。还有一个很重要的原因，就是通过不断反思自己的工作而让自己的人生价值在教育工作中得以实现。

有的教师之所以比较反感我说"连举手投足、一颦一笑都要顾及孩子的感受"，是因为他觉得这很难做到，或者说根本做不到。而做不到，必然就会无意中伤害学生。所以他们认为，这是用圣人标准来苛求教师，是不许教师犯错误，是"道德绑架"。

这种认识很真诚，却相当幼稚（对不起，可能又"伤害"一些老师了）。是的，教师似乎面临一个矛盾：一方面教育职业对教师本身提出了很高的要求，另一方面教师不可能不犯错误。如何解决这个矛盾？

近四十年的教育生涯中，我的解决之道是：做一个反思型教师。

何谓"反思型教师"？通俗地说，就是带着一颗思考的大脑从事每天平凡工作的教师，就是通过思考、解剖自己日常教育实践而不断超越和提升自己教育境界的教师。这里的"思考"主要指"反思"，即对自己教育行为乃至教育细节的一种追问、审视、推敲、质疑、批判、肯定、否定……

在所有反思中，最重要的是我对教育失误的反思。几乎可以这么绝对地说，任何一个教育者在其教育生涯中，都会犯这样或那样的错误。区别优秀的教育者和平庸的教育者，不在于教育者是否犯错误，而在于他如何对待已经犯了的错误。善于通过反思把教育失误变成教育财富，这是任何一个教育者从普通教师走向教育专家乃至教育家的最关键的因素之一。

所谓"反思错误"，通俗地说，就是犯了错误之后不要轻易地原谅自己，而是拷问自己的心灵：我为什么会犯这样的错误呢？这样的错误是出于一时的感情冲动，还是有着必然的思想根源？这样的错误事先能不能够避免？这样的错误是否收到了我期望达到的"教育效果"？如果达到了某种"教育效果"，那么我付出的代价是什么？如果没有达到，那么这个错误所造成的表面的后果和潜在的危机有哪些？这样的错误蕴含着怎样的教育遗憾、教育缺陷乃至教育悲剧？这样的错误可能会对学生的心灵造成怎样的伤害？这样的错误包含着哪些可以理解的善良意图？这样的错误掩盖着哪些不可原谅的自私而可怕的个人动机？我是否真正从这个错误中汲取了教训，并从中获得了新的教育启迪？……

每一次错误，对所有具备真诚反思精神的教育者来说，都是一个进步的台阶，我们沿着改正错误的台阶一步一步走向事业成功的高峰。相反，那些敷衍地对待自己的工作并且被某些狭隘的功利思想束缚头脑的人，往往会拼命地掩饰错误，会给自己找许多"借口"和"理由"来原谅自己。对这样的人来说，每一次自我原谅都是新的错误，这个错误同时也是一个陷阱——他们即使可能从这个错误的陷阱中艰难地爬上来，但随时都可能掉进另一个错误的陷阱，而且永远不能够走向教育的成功。

因此，即使不打骂学生，几乎每个教师也可能都无意中伤害过学生，就像我一样。但只要我们真诚反思，而且及时道歉，尽可能改正，那么这样的"无意伤害"就会越来越少，孩子们也会原谅我们的。

遗憾的是，我们有的教师缺乏反思精神，却拥有"丰富的"指责学生、抱怨的情绪，而且动辄上升到"体制""社会"，却不从自身找原因，这样的结果必然是心情越来越糟糕。当然，教育问题的确不仅仅是教育问题，的确有体制和社会的因素，问题是，我们能马上改变体制和社会吗？在暂时不能的情况下，我们要做的是，一方面呼吁教育改革，另一方面是改变自己——而后者是我们能够把握的。

没有反思精神的人，不能说就是坏人，但不适合当老师。尤其是当对自己职业不满意的时候，最好的选择就是另做选择。这并不可耻，我有许多朋友是曾经的同事，后来发现自己不适合当老师，便毅然改行，结果是现在他所在行业的佼佼者。这是他以前当老师时所无法做到的。

所以，有些老师人很好，也不乏才华，但不热爱教育，不能理解教育职业的特点和要求，又缺乏反思精神，那么，他最好的选择，就是改变职业，另做选择。这是对学生负责，更是对自己负责。

2020 年 7 月 31 日

动辄骂孩子"你真笨"的老师和家长，建议去学考驾照

先说一个笑话——

课堂上，一位老师给学生讲解相关知识，讲完后他问学生："明白了吗？"学生答："没明白。"老师便重新讲解了一遍，问："明白了吗？"学生答："没明白。"老师很有耐心，又重新讲了一遍，再问："明白了吗？"学生依然答："没明白。"老师急了："你们怎么这么笨？给你们讲了三遍你们都不懂！"学生说："你给我们讲了三遍都没让我们明白，是谁笨呀？"

这个笑话是有真实依据的，不过明显夸张。但下面这种情况就很普遍了——

面对一些很简单的知识，孩子怎么也不开窍，就是不懂，做题老错，反复讲解，反复强调，可孩子还是错。教师和家长会责骂孩子："这么简单，你都不懂！"

我年轻时也犯过这样的错误。因为我实在想不通，这么简单的常识，有学生居然怎么也不开窍，真是榆木脑袋！当然，我嘴上没这么说，但心里真的是这样骂的。

45岁那年，我为了拿驾照去驾校学习开车，尝尽了当"差生"的滋味。一个简单的操作，师傅讲了多遍，还做示范，可我就是做不好。师傅说"这么简单"，我也知道简单，但手脚就是不听使唤，好像手脚长在别人的身上。气得师傅不住地摇头和叹气，我羞愧万分，自卑到了极点。

可能是因为我年长，师傅不好骂我。但他常常不理我，看我也是一脸的冷漠，不屑已经写在脸上，我知道他压抑着满腔的怒火。但对我们同一拨考驾照的其他年轻人，他就不客气了，常常把他们骂得狗血淋头，而且当着我的面骂，因此我总觉得他是在指桑骂槐："这么简单的都不懂，脑子里面装的是糨糊吗？""就是教猪，这么多遍也教会了嘛！""看起来那么有文化，结果这么笨！"……师傅是在训斥他们，但每一句我都觉得像是在骂我。

仔细想想，那些操作是很简单，但那是对技艺娴熟的师傅才叫"简单"，而对我们这些从没摸过车的人来说，那就绝对不简单。师傅以自己的感受去要求初学者，自然觉得我们"笨"，我们也自然觉得自己笨，于是无地自容。

对于教师和家长来说，那些知识是很简单，那些技能是很容易。但我们是有专业背景和人生经历的成人，对孩子来说，学起来就不简单，做起来也不容易。因为他们是孩子。以成人的经验和思维去苛求孩子，公平吗？科学吗？

面对驾校师傅，我们都是"差生"；而学过一次开车，对"差生"就有了感同身受的理解。所以，对那些总是不耐烦骂孩子"这么笨"的老师和家长，我建议去学考驾照。

2019 年 12 月 31 日

别动辄"集团化办学"

集团化办学是最近几年来的热潮,而且似乎成了一种不可抗拒的教育发展趋势。

所谓"集团化办学",是以行政指令为主,兼顾学校共同意愿,将一所名校和若干学校组成名校集团。从理论上讲,这种办学模式,以名校为龙头,力图在教育理念、学校管理、教育科研、信息技术、教育评价、校产管理等方面统一管理,实现理念、管理、师资、设备等优质教育资源的共享。

集团化办学最早的起因,是老百姓的"择校热"。由于历史的原因,一座城市的"名校"毕竟不多,而希望自己孩子能够就读名校的家长太多太多。但名校是一种稀缺的公共资源,如何实现名校资源利用的效益最大化,让更多的孩子能够享受名校的优质教育?集团化办学便成了政府配置教育资源的最佳选择。

所以我理解,集团化办学的初衷是实现优质教育资源的扩大化,满足老百姓希望孩子读"名校"的愿望,以达到教育公平的目的。

实际情况是怎样的呢?政府的目的达到了吗?

曾经和某地教育局的一个干部私下聊到这个话题。因为是"私下",这位官员直言不讳地说:"集团化办学就是忽悠老百姓。"然后他调侃道:"我们这里的三所顶尖名校——市一中、市外国语学校和市实验学校都成立了名校集团,以后我们市的所有学生都是这三所名校的学生了！"

不管理论上说得多么动听，也不管"集团化"之初名校的确象征性地派了一些干部和骨干教师到薄弱的成员学校去，甚至有时候教研活动也有联系，但实际上，许多名校集团的成员学校都是独立的法人（校长）。总体上讲，龙头名校和成员学校的师资并没有制度性地流动，在学校管理、教研科研、信息技术、教育评价等方面并没有共享，名校的其他优质教育资源也没有有效地实现分享……成员校与名校的唯一的联系，就是学校校名上往往以龙头学校的校名为前缀，比如"某某市第一中学实验学校""某某市第一中学某某分校""某某市第一中学高新校区"，等等。

如此"集团化办学"，所谓"优质教育资源"很难真正"扩大化"，老百姓的孩子除了"享受"名校的校名外，一无所获。"星星还是那个星星，月亮还是那个月亮。"难怪我那位教育局官员朋友会说"是忽悠老百姓"。

集团化办学后，学校规模往往很大，学生大多数千人（甚至上万人），班额也很大——如果每个班能够保证在50个人左右，就已经是"小班化"了。如此庞大的学校和班级，教育如何"优质"？

真正优质的学校应该是"小而美"的学校，无论是过去的书院，还是现在的小微学校，都是如此。校长能够叫出全校学生的名字，老师能够在课堂上和每一个孩子一对一地交流沟通，这样的教育，想不"优质"都难。

有人会说："中国人口太多，办小规模、小班额的学校不太现实。"我承认，过去可能是不太现实，但改革开放已经四十多年，中国已经成为世界第二大经济体，我们不差钱，无非就是政府多拿些钱来多办些学校——只要愿意，就没有不可能的。

别动辄"集团化办学"。在保证师资和必要硬件的条件下，只要学校规模越来越小，班级人数越来越少，教育自然就优质了。

2020年1月1日

没有"情商",只有善良

不知从何时开始,"情商"这个词流行起来。

百度了一下,关于"情商"的解释是这样的——

情商(Emotional Quotient)通常是指情绪商数,简称EQ,主要是指人在情绪、意志、耐受挫折等方面的品质。它是近年来心理学家们提出的与智商相对应的概念。从最简单的层次上下定义,提高情商是把不能控制的部分情绪变为可以控制情绪,从而增强理解他人及与他人相处的能力。

从这个定义看,所谓"情商"其实就是控制和调整情绪的能力。

我完全赞同"情商"本来的定义。一个人当然要善于控制和调整自己情绪,既要善待自己,也要尊重别人。

但这和平时实际运用中我们听到的"情商"好像不是一回事儿。

常常听到人们夸谁"情商"高,往往是说他"会说话""会处世""人缘好"……给人的感觉就是,所谓"情商高",就是善于处理人际关系,尤其是"会说话"。

比如,随便在百度上搜索,就会发现这样的文章:《所谓高情商,就是会说话》《真正的高情商,就是懂好好说话》《情商高的人,从不说这四句话》……

问题是,什么叫"会说话"?什么叫"好好说话"?

如果指的是与人为善，设身处地为对方着想，不让别人难堪，更不用语言伤害人，那么只要发自内心地尊重人，那"好好说话"是很自然的，"良言一句三冬暖，恶语伤人六月寒"嘛！这和所谓"情商"是没有关系的。

如果指的是面对一些难以直言的话，比如医生对病人，或者老师对学生，在某些特殊情况下，"实话实说"反而会事与愿违，于是注意含蓄地表达，讲究得体地遣词，甚至说出"美丽的谎言"，这也是很正常的。这和所谓"情商"也没有关系。

如果指的是离开真情实感地讨人欢心，刻意逢迎，中庸含混，八面玲珑，长袖善舞，左右逢源，"逢人只说三分话，未可全抛一片心"，谁都不得罪，和谁的关系都好……这不叫"情商高"，是"城府深"。

遗憾的是，现在很多时候所谓"情商高"正是"会做人""会处世""会说话"的代名词。

我想到了北大著名教授钱理群发明的另一个说法："绝对的、精致的利己主义者。"钱理群先生是这样说的——

> 我曾经从北大这样的重点大学的教育，反观为北大输送人才的重点中学教育，有一个让我出一身冷汗的发现：我们正在培养"绝对的、精致的利己主义者"，所谓"绝对"，是指一己的利益成为他们一切言行的唯一驱动力，为他人、社会所做的一切，都是一种"投资"；所谓"精致"，是指他们有很高的智商、教养，所做的一切在表面上都合理、合法，无可挑剔；同时，他们又惊人的"世故老成"，经常作出"忠诚"的姿态，很懂得配合表演，最善于利用体制的力量，最大限度地获取自己的利益，成为既得利益集团的成员，因此，他们要成为接班人，也是顺理成章的。

一针见血，入木三分。

很多时候，所谓"情商高"，就是为人处世很"精致"。

就在我为写这篇短文而在网上查阅相关资料时，赫然看到一行字："马云说,见人只说三分话,说明你成熟了!"网上的东西真假难辨,也可能这是讹传,也许人家马云根本没说过这话;但如果马云真的说过这句话,那我看不起他。

如果这就是"情商高",那么彭德怀显然没有"情商"——"大跃进"期间,那么多高级领导人难道不比他更清楚真实的状况,凭什么要轮到你"为民请命"?最后罢官撤职,跌入深渊;张志新也没有"情商"——十年动乱,明哲保身的人多得去了,凭什么要你"仗义执言"?

是应该尊重人,不伤人,这是我们起码的修养,但不能丧失原则,更不能以付出正直为代价变得圆滑起来,最后成为我们自己都厌恶的人。

绝对的精致的利己主义者,却披着"善解人意"的外衣,让周围的人都说自己"好",那不叫"情商高",那叫"乡愿"。

二十世纪八十年代我刚工作的时候,曾经特别迷恋当时风行一时的卡耐基著作:《人性的优点》《人性的弱点》等。所谓"怎么说话""如何处世",其中说得很详尽,而且很有"操作性"。但我慢慢意识到,这不过是教人如何"讨巧",让自己精明起来,玲珑起来。

而这些"处世技巧",就是现在有些人欣赏的"情商"。

还有种种"成功学",都属此类,比如所谓"情商高,就是说话让人舒服"。

但我认为,离开了真诚,所有言谈举止都成了"装",也许你赢得了众人的"拥戴",但你内心深处的属于自己天性的纯真的"人"却死了。

别误会我的意思,我并不是主张人人都是直性子,说话不拐弯。但直率也好,委婉也好,这一切都应该是发自内心。

我有一个学生叫宁玮,拙著《爱心与教育》里面写到她的人生故事。无论是她读书时的同学,还是她打工时的伙伴,所有人都觉得她很温暖,很可心。她曾对我说:"我父母从小就告诉我,对人要真诚,做人要本分,伤天害理的事千万做不得。"

我知道,宁玮的父母都是农民,不懂什么叫"情商",更没培养过女儿的"情商"。

说个我们公认的大好人吧，他叫雷锋。我曾写过一篇题为《说雷锋》的长文。在这篇文章中，我分析了几十年来我们"赋予"雷锋的种种"精神"。其中有两段是这样的——

如果你在火车上，吃力地想把重重的箱子放到行李架上，可你怎么也放不上去时，你肯定希望有人助你一臂之力，那时候，你就希望有雷锋出现了。因此，所谓"雷锋"，就是你在需要帮忙的时候，希望出现的那个人。

现在，雷锋几乎成了"做好人好事"的代名词。别小看了这个"好人好事"，在我们这个日益冷漠的时代，雷锋所象征的"春天般的温暖"已经成了人们普遍的呼唤。学习雷锋，就是做一个好人，一个不停做好事的好人，一个在平凡生活中做平凡好事的好人。

如果有人用时髦的词夸雷锋"情商高"，我会觉得无比滑稽。因为对真正的好人来说——

没有"情商"，只有善良。

2020年1月21日

教书人不读书,这是中国教育的致命隐患

几天前,我在北京世纪明德论坛作题为"走近苏霍姆林斯基"的演讲时,引用了苏霍姆林斯基的一句话:"教师没有自由支配的时间,这对于学校是真正的威胁。"呼吁教育行政部门要尽可能解放教师的时间,让他们能够自主而自由地成长发展。后来我在"镇西茶馆"推出这次演讲的实录时,还以这句话作为标题。

我的演讲和实录引起了比较强烈的反响,特别是赢得了许多教师的喝彩。尤其是在当下,广大一线教师被各种形式主义的"应付"折腾得苦不堪言,而又还不得不表现出很乐意的样子,我借苏霍姆林斯基的口,呼吁给老师们以"自由支配的时间",老师们自然纷纷点赞。

但是,假如有一天,各种形式主义的东西消除了,老师们不再是"表哥""表姐"了,也不用为"痕迹管理"疲于奔命了……总之,教师真的有了"自由支配的时间",会把这些时间用于做什么呢?

我想,这些自由支配的时间可以用于健身、旅游、钓鱼、摄影,陪伴老人、爱人和孩子,包括打麻将,甚至补一补因为工作熬夜而耽误了的睡眠……这一切都是非常必要甚至必需的。一个真正的教师应该是身心健康、精神丰富的人。

但是,会不会有老师把所有"自己支配的时间"都用于打

麻将呢?

完全可能,不,的确有这样的老师。我想这就不需要我举例了吧?前不久有一篇在网上流传很广的文章,大意是说"我周围的老师没有一个热爱教育",这话当然夸张。但当今中国教育也许令人失望,这是事实,而之所以"失望",为数不少(当然不是大多数,但绝非个别)不求上进、误人子弟的老师"功不可没"。

当然,把所有"自己支配的时间"都用于打麻将(在这里,"打麻将"是修辞上的借代,借代各种个人爱好,包括前面说到的钓鱼、摄影等),这绝不是中国所有教师全部的教育生活。

比如,我今天请了著名的夏昆老师来为我团队的青年教师做讲座,他的题目是"教师真正的绝活——读书"。他讲了他1998年开始每天晚上8点钟准时阅读《二十四史》,花了14年时间硬是全部读完。这期间,他照样在业余时间弹吉他,甚至还打游戏……无论怎样娱乐,阅读始终是他每天生活不可或缺的重要内容。

像夏昆这样的老师,同样肯定也不是大多数,但也绝非个别。据我观察我身边的老师,的确有相当多的人已经或正在把包括阅读在内的自我学习当作生活常态。比如每天到"镇西茶馆"来"喝茶"的老师们也是这样的人,白天工作那么忙碌,还坚持读我的文章,真的让我感动不已。这些老师在"自由支配的时间"里,给提升自己教育素养留足了应有的份额。

因为对于一个有情怀、有追求的教师来说,他的全部生活,除了打麻将还有一个更重要的内容:学习——结合每一天的教育实践,不停地研究,不停地阅读,不停地写作,以此永无止境地提升自己的教育素养。

"教育素养是由什么组成的呢?这首先是教师精通自己所教的学科。……教师清楚地了解他在学校里所讲授其基础知识的那门学科中最复杂的问题,了解这门学科的学术思想最尖端性问题。……只有当教师的学识比教学大纲的范围广泛得多时,他才能成为教育工作的真正的巧匠、艺术家和诗人。"

这是苏霍姆林斯基《给青年校长的谈话》中对教师的叮咛。

他接着还说:"教育工作的能手对本门学科的基础知识十分精通,以致他们在课堂上、在讲授教材过程中,可以不把注意的中心放在所教的知识上,而是放在学生身上,放在学生的脑力劳动、思维活动以及他们在脑力劳动中所遇到的困难上。"

想想,如果一个教师不把自己"自由支配的时间"用于自己的学习,用于自身教育素养的不断提高,又怎么能够"精通自己所教的学科"呢?又怎么能够在上课时"可以不把注意的中心放在所教的知识上,而是放在学生身上"呢?

苏霍姆林斯基在书中还讲述了一位有三十年教龄的文学女教师的课:"这是一位熟悉生活又富有智慧的教师直接触动学生心灵的一堂课。她的讲授毫无训诫的意味,而是精细入微,真挚亲切。教师的每句话都像是启发大家要对照自己,深入思考自己的命运和未来。"

课后,有人对她说:"我想,准备这么一堂课,需要花几个小时吧。您花了多少时间备这节课?"

"一辈子都在准备。"女教师回答说,"至于考虑这节课的教材和教案时间,大约二十分钟。"

苏霍姆林斯基由此感慨:"教师上好一堂课要做毕生的准备。我们这行职业和劳动工艺的精神基础和哲学基础就是这样:为了在学生眼前点燃一个知识的火花,教师本身就要吸取一个光的海洋,一刻也不能脱离那永远发光的知识和人类智慧的太阳。……他确实一生都在为上好一节课而准备着。他的精神生活就是不断地丰富自己的头脑。"

而怎样才能"不断地丰富自己的头脑"呢?

苏霍姆林斯基说:"这就要读书,读书,读书!这是教师的教育素养这个品质所要求的。要读书,要如饥似渴地读书,把读书作为精神的第一需要。对书本要有浓厚的兴趣,要乐于博览群书,要善于钻研书本,养成思考的习惯。"

为了保证教师的读书时间,作为校长的苏霍姆林斯基采取了一项强制措施:"我们全校教师有一项规定,教师在上课以外参加其他活动(包括教学法研究会、校务委员会、课外辅导工作)的时间,每周不得超过两次。应当尽可能给教师留出更多的时间用于自学,让他们从书籍这个最重要的文化源泉中尽量地充实自己。这是全体教师精神生活的基础。"

为了保证教师拥有自由支配的时间,苏霍姆林斯基说:"我校全体教师都遵循这样一条规定,教师不写任何总结和工作汇报。除了教育工作计划和课时计划外,他无须拟定任何其他计划。"

因为苏霍姆林斯基深知,没有了教师自身素养的提升,学校就谈不上任何发展。但是,对今天的中国来说,是不是每一个教师都"把读书作为精神的第一需要",因而会将"自由支配的时间"用于"如饥似渴地读书"?有多少教师会为一节课而终生"吸收光的海洋"?

几年前我在外面讲课时,面对下面黑压压的听课教师曾搞过一个调查:"请有自己藏书的老师举手。"应者寥寥,这个结果反而让我很尴尬。后来我再也不做这样的调查了。但即使是凭感觉或者观察我周围的教师,我也禁不住叹息:不少叫人读书的"教书人",自己却不读书——这真是某些中国教育者的悲哀,更是整个中国教育的致命隐患!

苏霍姆林斯基曾为教师大声疾呼:"教师没有自由支配的时间,这对于学校是真正的威胁。"

他是想让老师们有时间学习。

可是,面对今天中国的现实,我想斗胆补充一句:"教师有了自由支配的时间而不学习,这对于个人(教师本人和他教的孩子)是真正的威胁。"

2019年11月12日

无论是"差生"还是"优生"都要善待

现在的"差生"并非就一定是将来的罪犯，而今天的大贪官当年无一例外都是"优生"。

听起来似乎有些耸人听闻，但仔细一想，这个说法一点都不偏激。

一

我曾写文章说过，"差生"这个词并非绝对不可以用——如果教师在对学生进行分类研究和指导时，用用无妨，但是绝不能用"差生"直接称呼学生。

这里的"差生"是一个约定俗成的称呼，大体是指那些行为习惯不好、成绩也很糟糕的孩子——当然，也可能只是成绩糟糕，或只是行为习惯不好。注意，我这里没有说"道德品质"不好，因为一般来说，把尚在成长中的孩子的"问题"动辄上升到"道德品质"的高度是非常不妥的。

我想强调的是，即使是让老师特别特别头疼的"双差生"，他也有着很强的可塑性，未来真的不可预测。当然也有"差生"成为罪犯的，但小时候的"差生"长大后却成为有用之才甚至做出卓越贡献的也为数不少。这方面可以举出很多例子，无须我在此赘述。

"优生"之"优"本来的含义也不应该仅仅指成绩优异，

而应该是德智体美劳全面发展，但在应试教育的背景下，我们实际使用"优生"这个词的时候，往往仅指那些成绩拔尖，有望上清华、北大等重点名校的学生。这些孩子的未来同样无法预测，他们当中既有可能成为杰出人物的——这方面的例子同样是不胜枚举，也有可能成为罪犯。今天我着重要说的是后者。

二

注意我前面说的，"今天的大贪官当年无一例外都是'优生'"，这里说"无一例外"一点都不绝对。

所谓"大贪官"之"大"，显然不是指县乡级的处长、科长，而是至少是地厅级以上——包括省部级甚至是正国级——的原领导干部。20多年前落马并被执行死刑的江西省原副省长胡长清、全国人大常委会原副委员长成克杰，当时已经让我们目瞪口呆了；党的十八大以来，反腐斗争势如破竹，从正国级的周永康到省部级的谁谁谁（不是我不敢点名，而是太多太多了，点不胜点），我们早已见惯不惊了。不过，作为教育者，我敏锐（或者说"敏感"）地发现，所有"大老虎"，当年都是就读于重点中学、著名大学的"尖子生"。

请大家随便想想，有哪一个大贪官当年读中小学时是"差生"？没有，一个都没有。相反，"三好学生""优秀学生干部""学生会主席""团委书记""保送（读重点高中、大学、硕士、博士）生"、各项学科竞赛的"金牌得主"……一个个耀眼的荣誉铺满了他们从小学到大学的道路。他们从小就是无数家长口中的"别人家的孩子"，是无数学生饭桌上被父母用于励志的"学习榜样"，是他们所有就读学校的"杰出校友"，他们的画像被挂在母校的墙上，用以"激励"一代又一代学弟学妹。

三

不过，说这些"高能人精"都是中小学培养的，我不太赞同。虽然贪官们"出事"前，他们的母校领导都以他们为"自豪"，的确爱说这些"杰出校友"是"我们学校培养的"，但我一直觉得学生将来无论立功或获罪，母校都别往自己身上揽。因为人的成长过程是复杂的，不能简单地归功（咎）于某一个因素。

然而，作为学校教育者，的确可以反思一下：在"优生"的人格教育方面我们是不是还可以做得更好一些？

就目前的评价机制而言，一个成绩拔尖的学生，只要他不违法乱纪，他自然会被视为"优生"，他会得到学校更多的关怀和关照，因为学校要靠他夺得各类竞赛奖，靠他实现考上清华、北大"零的突破"，甚至获得"高考状元"。至于他是不是有爱心，是不是有责任心，或者是不是冷漠自私，精于算计，是人格健全还是存在缺陷，这些都不在考核范围之内，再说也"考核"不出来。

然而这些"考核不出来"的东西，才是教育最本质的内容。

我想到了雅斯贝尔斯对教育的理解："教育是人的灵魂的教育，而非理性知识和认识的堆积。……谁要是把自己单纯地局限于学习和认识之上，即便他的学习能力非常强，那他的灵魂也是匮乏和不健全的。"

多么精辟！一些大贪官当年当学生时不正是"学习能力非常强"，但其"灵魂"不"也是匮乏和不健全的"吗？

我当然不否认不好的制度对一个人堕落的致命作用，但人自身的灵魂并非完全就是"制度"的奴隶。我们的教育如果在塑造每一个孩子的人格方面做得更细更好一些，再加上制度的健全以及整个国家文化环境的改善，贪官是不是就会少许多呢？

四

本文中第一句前半句"现在的'差生'并非就一定是将来的罪犯……"倒是提醒我们每一个教育者，要善待今天你眼前的每一个"差生"，不要用一时一事的表现就将他们轻易定型，把他们看"死"了。

以前经常听大人说:"三岁看老。"如果这句话的意思是,一个人小时候的习惯将影响其一生,那是有一定道理的;但如果因此而认为,"三岁"和"老"之间是一成不变的,则大谬。还有"小时偷针,长大偷金"之类的"忠告",大多不靠谱。小孩难免贪小便宜,或者出于好奇心、虚荣心,都可能犯一些小错误,别看得那么严重。

某个孩子学习"差",不一定行为习惯就"差";他行为习惯"差",不一定道德品质就"差";他学习基础"差",不一定动手能力"差";他这方面"差",不一定其他方面也"差";他今天"差",不一定将来"差"。陶行知先生早就说过:"你的教鞭下有瓦特,你的冷眼里有牛顿,你的讥笑中有爱迪生。你别忙着把他们赶跑。你可不要等到坐火轮、点电灯、学微积分,才认识他们是你当年的小学生。"

从教几十年来,常常有当年的"差生"回来看我,看到他们现在事业有成,想到他们当初是那么让我头疼,往往会情不自禁地感叹:"真没想到啊!"这种惊讶与感叹,我想许多老师都有过。

五

我再次重申,本文没有说"差生"一定将来都会成为爱迪生,"优生"将来一定都会成为周永康的意思。

决不能反推成这样的逻辑:"将来的罪犯没有一个是当初的'差生',而现在的'优生'将来一定会成为贪官。"这是很荒唐的,也不是事实。差生也有可能成为罪犯,但并非必然会成为罪犯;现在的大贪官当年都是"优生",但并不是所有学校的每一个"优生"都必然会走向贪腐。

应该说,相比起"差生","优生"中将来成为国家栋梁之材的比例还是要大得多。去看一些名校的校史陈列馆,所列著名校友中,被抹去名字、摘去挂像的贪官毕竟还是个别的——其实我觉得贪官的挂像可以取下,但名字没必要抹去,毕竟他在学校就读过,这个历史的真实应该得到尊重。

无论"差生"还是"优生"都要善待。对"差生"的善待，就是要多看他们的长处，多鼓励他们，给他们自信；而对"优生"的善待，就是在发展他们天资潜质的同时，还要多看他们的不足，多关注他们内在的灵魂，特别是从细节处表现出来的人格品质，多在做人方面严格要求他们——因为他们将来完全可能担当重任，教育对他们而言，不得不慎之又慎，细之又细，严之又严。

2019年3月28日

喜欢骂老师的校长不是好校长

若要自我评价，我认为自己是一个"比上不足比下有余"的合格校长。注意，我没有说我是"优秀校长"，我只说是"合格校长"，因为比起程红兵、李希贵、卢志文、叶翠微、崔其升等我的铁哥们（顺便"炫耀"一下我和这些名校长的"关系"，呵呵），我确实算不上优秀校长。但我合格，因为我几乎不骂老师——我说"几乎"，就意味着也有极个别的例外。

记得有一次，一个年轻老师连续几天不来上早自习而又没请假，我确实气得把他请到办公室骂了他几句。但我绝不是"喜欢骂老师的校长"，武侯实验中学的老师可以为我作证，我从没在大会上骂过人——倒是一个老师在大会上当面骂过我。呵呵！不过后来这个老师向我道歉了，再后来我俩成了好朋友。

不骂老师当然不是一个校长是否合格的唯一标准，但这的确是重要标准之一，因为这意味着对老师的尊重。

我相信，绝大多数校长都不会骂老师，更不会"喜欢骂老师"。有的是不会，因为校长有修养、有涵养、有度量；有的是不敢，因为校长也不愿意把老师惹毛了——万一老师因此撂挑子，闹情绪不干工作，甚至和校长对着干，这不是给自己树敌吗？哪个校长会这么蠢？

但的确有这么蠢的校长，喜欢骂老师。或者是接到家长举报学校"违规"了，校长便在大会上把所有老师骂一通；或者是一个老师犯错误了，校长为了让大家"引以为戒"便将所有老师训斥一番；或者是某次达标验收没过关，气急败坏的校长便在大会上向老师们发泄自己的郁闷；甚至发现自己的电话号码被泄露了，也会在大会上大发雷霆……注意，这些"骂老师"都发生在大会上。

需要特别声明的是，上述例子均来自"镇西茶馆"的评论或留言。虽然是极个别校长的工作作风，但这些做法非常损害老师的尊严，会挫伤他们的工作积极性，直接影响他们的教学和带班。甚至有的老师可能会"不拐弯"地把自己所受校长的气全部撒在学生身上，让学生也莫名其妙地挨骂。我说过，最好的管理莫过于示范，最好的教育莫过于感染，而校长骂老师，则是校长对老师极其危险的"示范"和"感染"。

校长应该尊重老师，这是一个校长起码的素养。而这种"尊重"，其实还不仅仅是一种外在礼貌，而是源于内心对老师们的欣赏。今年2月我到于漪老师家里看望她，聊到学校管理，于老师说起她当校长的事："校长一定要尊重每一个老师，不要把好处都占完了，要多给老师们成长的机会。"

就像学生是千差万别的一样，教师也是各具个性的。完人是没有的，有的是缺点突出但优点明显的立体的人。如果要"骂"，骂谁都可以找到足够的"理由"。但做管理的，只有发自内心地宽容老师，欣赏老师，才能有效地引导老师为着学校统一的发展目标共同前进。

我当校长时，有一次去向局长汇报工作，局长说："有些校长都喜欢在我面前抱怨老师，总说老师素质低，这样不好那样不好，而你每次在我面前总是说学校老师好。"其实由于历史的原因，我中途接手做校长的武侯实验中学的教师队伍"成分复杂"，如果我要抱怨一样有"理由"抱怨，但我想，我是怎么做班主任的，我就怎么做校长。当班主任必须善待每一个学生，好，那我做校长就善待每一个老师——哪怕他并不一定"善待"我。

李希贵说过，校长的智慧是把每一个老师放在最适合其特点的岗位上。我们常说（不是原话，大概是这个意思），每一个孩子都是某一个方面的天才，教师又何尝不是？作为校长，我们为什么不用欣赏的眼光去发现每一个老师的长处呢？

校长常常对老师们说:"要欣赏学生""要尊重学生""要以学生为本""要爱学生"……这些短语里的"学生"统统都可以置换成"老师",成为对校长的要求。

当然,不骂老师只是尊重老师的底线,而不伤老师的自尊则应该成为校长的准则。在这一点上,我是有过教训的。前面说过,我觉得我还是比较尊重老师的,但这并不意味着我没有犯过错误。

在我当校长期间,曾经有一个叫李青青的老师整整旷工一周,影响极坏。当时我不但在办公室严厉批评(也许是"骂"吧)了她,而且责令她必须写出书面检讨在全校教职工大会宣读。后来她果真在全校教职工大会公开检讨了。事后我做了大量的比较细致的工作,李青青老师自己也努力进步,后来她成了学生非常喜欢的优秀老师。而且和我的关系也非常好,她特别尊敬我。后来我想到当初让她在全校教职工大会做检讨,就觉得自己过分了,因为这太伤她的自尊了,所以后来我再也没有让任何犯了错误的老师在大会上做过检讨。但这件事我一直想起来就很内疚,尤其是李青青老师因病去世后,这种自责感更加沉重。唉!我也没有机会当面向李青青老师表达歉意了。

当然,管理成人远远比管理孩子难。一个学校那么大,有一个两个甚至几个确实素质低的老师也难免——师德成问题,业务能力也很差,上课错误百出,带班一塌糊涂,还没有上进心,常常违反基本的教育教学常规……这样的老师毕竟是个别的,应该单独面对面地做细致的工作,不宜当众批评。再说得极端些,如果这个别"老师"油盐不进,"破罐子破摔",你骂也没用!如何转变或如何处理这样的"老师",是另一篇文章的内容了。

这篇文章的题目是"喜欢骂老师的校长不是好校长",写到这里我其实不仅仅是说"骂"老师了,而是谈对老师的尊重。以心灵赢得心灵,用尊重换取尊重,将心比心,换位思考,"己所不欲,勿施于人"。没有对老师的尊重,就没有校长的有效管理。因此这个标题也许可以改成"不尊重老师的校长不是好校长"。

2019年4月19日

爱抱怨的老师很难获得职业幸福

抱怨是人正常的情绪反应。人活一辈子，谁敢说自己从来就没有抱怨过？没有，一个都没有。但我这里说的是"爱抱怨"。什么叫"爱抱怨"？就是随时都心怀怨恨，总觉得这世界上的所有人都对不起自己，动不动埋怨或指责别人。

我常常在"镇西茶馆"的文章后面看到这样的老师，他们抱怨的对象有很多，但最多的是校长，有时候甚至不是抱怨校长，而是直接骂校长了。

当然，对校长的质疑、批评不能说是"骂"。任何老师都可以质疑和批评校长，这是每一个教师起码的民主权利。但我这里说的"骂校长"不是指正常的严肃的批评。

那么，我说的"骂校长"是什么意思呢？无理指责，无端谩骂，甚至诽谤，等等。"有这样的老师吗？"当面骂校长的，估计没有，或者说几乎没有。但网上呢？请到网上去看看，骂校长成了一些人既痛快又安全的行为。反正是匿名，反正也没有人来核实你骂的内容是否属实，只要"直抒胸臆""酣畅淋漓"就行了。

骂什么呢？"校长不学无术，什么本事都没有。""我们的校长只喜欢吹牛拍马，他就是靠陪局长喝酒当上校长的。""校长成天在学校什么也不做，就喜欢训人。""校长不会上课，也不敢上课，因为他上课还不如老师呢！""校长就喜欢收礼，每次评职称等重要时刻,他都会收很多红包。""校长嫉贤妒能,压制年轻老师,自己没有理想,给搞改革的老师穿小鞋。""校长喜欢名利,什么荣誉都自己得,不给老师一点机会。""校长喜欢做表面文章,喜欢形式主义,喜欢花里胡哨的东西。"……

天啊!不学无术、吹牛拍马、不会上课、大搞腐败、贪得无厌……这样的校长居然能够在当今中国长期大量地存在——因为不少老师常常爱说"天下没有几个好校长",确实是一个奇迹。

我当然不敢说没有这样的校长,中国这么大,什么奇葩的人没有?个别校长搞贪腐有什么不可能的?何况我身边都曾有过这样的校长——我曾经工作过的一所学校就"诞生"(不知道可不可以说成"培养")过一位"贪腐校长",现在此人已经因巨额受贿而被关在监狱了。但我要说,这样的校长绝对是极个别的。当网上铺天盖地都在"控诉"校长们的"不学无术"而又"大搞腐败"时,我凭常识可以断定,不可能有这么多的校长如此不堪。

而这些老师之所以要"骂校长",有的的确是"运气不好"遇到了不良校长,遭受了不公;但有的则未必,而是过高地估计了自己的能力,又理想化地看待周围的环境,于是感觉自己"怀才不遇""空有热血""徒具理想""备受打击"……

对这样的老师,我只提三点建议:第一,尽量摆脱主观情绪,冷静理智地审视一下校长。我总觉得多数校长还是善良、正直而且是有抱负的。理性客观地看待校长,你的怨气可能会少一些。第二,如果校长确实是个小人,那最好的办法是想办法换个单位。第三,如果无法调换到另外的学校,那你就只能发愤(不只是"发奋")上进,不断壮大自己,用实力和实绩说话——当你取得了公认的教育教学成绩,比如所带班级明显优于其他班级,考试成绩总是名列前茅,升学率创造了奇迹,还一篇篇地发表文章,甚至出版著作……谁还压得住你?到时候,恐怕只有校长来"讨好"你的份儿!

已经有无数事实证明我这个说法。如果一个老师足够优秀,必然会有许多校长来挖他；而这些足够优秀的老师，偶尔发几句牢骚是可能的，但绝不可能是动辄抱怨这个抱怨那个的人——他没有那个闲工夫！

除了抱怨校长，有的老师还爱抱怨同事。在这样的老师眼中，周围的同事都"素质低"，都和自己过不去，"嫉妒自己"。当然，既然认为别人"嫉妒自己"，那别人肯定都不如自己。人家课上得好，很受学生欢迎，"不过是哗众取宠而已"；人家班级考得好，"就会搞应试教育"；人家写文章发表了，甚至出版了著作，"就喜欢吹自己"……总之，谁都见不惯。一到评优选先的时候，自己没有得利，便抱怨同事的评价"不公平"。

还抱怨学生。"学习差""行为习惯差"这样的抱怨，用语已经相当文明了，有时候是这样的语言："笨死了！""无可救药！""脑壳里长了包块！""脑子里进水了！""二百加四十九——连二百五都不如！""精神病院翻墙跑出来的！"……在一些教师的眼里和口中，"过去教过的学生"或者"上一届的学生"永远是优秀的，而目前面对的学生永远是最差的，总感觉"一届不如一届"。从教 30 多年，我经常在办公室里听到旁边的老师一边备课或批改作业，一边骂骂咧咧地抱怨（其实是在"骂"）学生。尤其是当某个学生犯了错误，有的教师更是怒火万丈，当面训斥。回到办公室，更是一副受了气的样子，向同事大倒苦水。其实，当这个老师在办公室里喋喋不休地骂"瘟猪子"时，人家"瘟猪子"早就把课堂上惹老师生气的事忘得干干净净，碰见老师照样笑眯眯问好。所以说，老师爱抱怨学生，纯粹是自己找气受。

抱怨学生自然会"株连"其家长。"家长素质低"是一些老师的口头禅。在这些老师眼里，家长就是用来被训斥的——尤其是后进生的家长。往往是学生犯错误，家长则被"请"到学校挨批评。年轻时，我亲眼看到过一位母亲被班主任叫到学校，这位母亲刚走进办公室叫了声"老师好"，班主任便劈头盖脸地一声："你这孩子，胎教太差！"可以想见当时这位母亲有着怎样的屈辱感。同样可以想见的是，这位班主任心中积压着多大的怨气，而且她所抱怨的家长很可能不止这一个——心中装着太多的怨气，能有职业幸福吗？

"周围这么多的不公平,难道我连表达一下不满都不行吗?"也许有老师会质问我。我在本文中所特指的"抱怨"和我们通常说的表达不满不完全一样。鲁迅说:"不满是向上的车轮。"可以说,环境的改善、国家的变革乃至历史的进步都是靠大大小小的"不满"这个"车轮"来推动的。但表达"不满"的目的应该是推动进步,表达的是建设性的批判和可行性的建议。而"爱抱怨"的目的往往只是极端的情绪发泄,而没有建设性,其客观结果让自己"越想越气",而且也"污染"周围的环境,传染给别人让更多的人闷闷不乐,挫伤工作积极性乃至丧失生活的热情。

很多年前我写过一篇题为《幸福比优秀更重要》的文章,其中有这么一段话——

> 我不是主张面对不公不平逆来顺受,不,如果我的权益与尊严受到了侵犯,我们完全可以也应该依法维护自己的权益与尊严。问题是,由于种种原因,很多时候事情并不那么简单,也不是所有的"不公平"都达到了"法律的高度",而且种种不公也不可能在一个早晨彻底消失。那怎么办呢?还是得调整心态,从容应对。何况,很多时候缠绕我们的不过是一些琐碎的烦恼,完全可以一拂了之。李白有一句诗:"空长灭征鸟,水阔无还舟。"不是天空没有飞鸟,而是晴空万里,辽阔无边,一两只鸟简直微不足道;不是水面没有船只,而是烟波浩渺,水天一色,一两只船也就微乎其微了。这是胸襟,也是心态。某种意义上说,拥有了好心态,便拥有了幸福。

今天我依然坚持我的观点。从长远的发展来看,没有一个真正优秀的教师会永远陷于窘境,没有一个真正卓越的教师会永远陷于贫困。也许你遇到的阻力、压制、嫉妒甚至陷害,都是真实的,但这不是你一味抱怨的理由,你要做的是壮大自己。有人说过,当一只鸟飞出猎枪的射程后,它就安全了。当一个备受排挤和压制的年轻人,放弃抱怨、超越抱怨,而用淡定的心境、宽广的胸襟、从容的气度、专业的智慧、精湛的技能、过人的勤奋、坚韧的毅力……奋力冲出"猎枪的射程"后，你就拥有了职业的幸福和心灵的自由。

这不比动辄抱怨更合算吗？

2019年4月23日

最可怕的不是有这么假的照片，而是大家都习惯了

一个孩子正捧着一本翻开的书读着，围在身旁的同学也盯着那一页，脸上带着微笑，有时候后面还站着孩子，也看着前面的书页。

我说的是照片。走进一些学校，会看到墙上或橱窗里有不少这样的照片——所谓"书香校园"。有时候，照片上是孩子和爸爸妈妈一起读一本书——这是在展示"书香家庭"。

几个人同读一本书，我小时候确实有过这种情况。当时在小人书的书摊上，看一本小人书（连环画）花两分钱的租金，可那个年代，对许多孩子来说，这也是一笔不少的钱，于是往往一个小伙伴租一本书，几个小伙伴一起看，省钱啊！书摊老板也不管。

当时这很真实、很自然，现在哪还有这样的场面？可如今，几个人围着同时看一本书的假照片，居然就源源不断地出现在校园。

小时候，经常看到《人民日报》上登载这样的照片：军营里，或田埂上，大家合看一本毛主席著作，或《人民日报》。我当时的理解，是大家没钱，只好这样"共读"。没想到，几十年过去了，中国人还是这么"穷"。

"共读"照片中的老师们、父母们和孩子们，不是我这篇文章的批评对象。他们虽然是照片的主角，但其实并非作假者，

他们不过是按领导的指示完成"任务"而已。

还要特别说明的是，我并不反对摆拍。对于真实发生过的事，比如老师的课堂教学，课余辅导学生和找学生谈心，等等，因为某种需要而通过摆拍情景再现，这不能说是"作假"。

但生活中并没有发生也不可能发生的事，偏要通过"真实"的照片来展示，就很假很假了，而且很可怕。因为这种"假"都是以种种"崇高"的名义出现在校园的。

更可怕的是，没有一个人对类似的做法提出异议，因为大家都习惯了，这才是真正的可怕。

我回忆了一下，我们还曾有更"气势磅礴"的作假。"大跃进"年代，为了吹胀"亩产万斤"的牛皮，而把其他稻田里的庄稼集中在一块地里，让姑娘们坐在庄稼上，然后拍照发表在《人民日报》上，以展示"人有多大胆，地有多高产"的成就；还有"文革"时表现领袖井冈山会师的油画，硬是把"朱（德）毛（泽东）会师"画成"毛（泽东）林（彪）"会师。

相比之下，一张"共读"的照片，实在是微不足道。

但这种"微不足道"的虚假——我姑且临时将其简称为"微虚假""微作假"，所造成的危害从某种意义上说更严重，因为那些重大的作假事件并不一定和每一个普通人有直接的联系，它们也很难在我们身边发生，可"微虚假""微作假"则无处不在，无孔不入——

上面要来检查了，要求所有课程必须开齐开足，可学校并没有开"健康教育"课，怎么办？于是全校统一要求所有学生改课表，将课表上的某一节"自习"改成"健康教育"，而且班主任还按学校布置，要求学生们"统一口径"。

某学校为了展示其"书香校园"的成果，特意安排一些学生在走廊上、楼梯口、操场边等校园不同的角落，装模作样地呈读书状，以烘托气氛。这些"群众演员"也很认真，因为他们知道这是"为了学校荣誉"。

公开课不断试上，一遍遍"打磨"，每一个细节都精心设计：提问、互动、表演,包括什么地方该唱歌,什么地方该鼓掌,都分秒不差。甚至连鼓掌的力度、声音和节奏都训练有素:"啪!啪啪!啪啪啪!"但等到上课的时候,这一切又要表现得像"第一次"教这篇课文一样,让人看不出"千锤百炼"的痕迹。

为了迎接领导视察,学校组织孩子们到校门口表演,领导来了笑眯眯地看了几眼就进去了。学校老师对还没表演完的小演员们说:"好了,可以了,回去吧!"孩子们花那么多时间精力排练,清晨又早早等在校门口,就是为了这么"昙花一现"。他们成了学校的道具。

无记名问卷测评,是近几年上级考评学校或学校考评老师的重要手段之一,也是有些学校或有些老师作弊的时候。教育者暗示甚至明示学生对有利于学校的调查选项"一律打钩",不管事实上是怎样的。

还有网上投票拉票。硬是在朋友圈里发动毫不相干也毫不知情的老同学、老战友、老同事以及七大姑八大姨来投票。不管是否赞同,反正一律投上一张"友情票"。大家都知道,这样拉来的票,再多也不能说明其"优秀";或者说,票数的多少与是否优秀已经没有关系了!可这样的"假票"几乎每天都还在网上拉着、投着。

……

类似的事例实在是不胜枚举。我相信,读者如果有兴趣,会提供更多更"生动"的事例。

最可怕的是,这些"微虚假""微作假"都是以高尚的名义堂而皇之地进行的,人们(特别是孩子们)不但渐渐接受,而且以为是理所当然——心虚气亏的"假"变成了理直气壮的"真"。

这种让人们习以为常的"微假",腐蚀着我们学校纯正的教育,也毒化着我们孩子纯真的心灵——最后的结果是,腐蚀和毒化着我们的社会。

人人都痛恨作假,可人人都情不自禁地作假。我们在不知不觉中成了自己所厌恶甚至恶心的人。

更多的抨击都是多余的,因为谁不知道应该做一个诚实的人呢?——这是连小学生都懂的道理。

2006年，我曾根据自己的亲身经历写过一篇《万炮齐轰假教育》，火药味不可谓不浓烈，可13年过去了，好像一切照旧。

不过我还是想苍白无力地提醒大家重温一下陶行知的话："千教万教教人求真，千学万学学做真人。"

口口声声说"学习并践行陶行知教育思想"的我们，"教人求真""学做真人"了吗？

2019年7月1日

B 辨析
BIANXI

没有考试的教育根本就不是教育，更不是素质教育。真正的素质教育理应有对高质量教学成绩的追求，包括高考成绩。我们批评应试教育，不是批评应试，而是批评只有应试。有应试不是应试教育，只应试才叫应试教育。

素质教育妨碍高考成绩吗?

最近有一条新闻引发热议。南京一中的部分高三学生家长，因为该校高考"考砸"而围堵学校，要求"校长下课"。按一些家长的说法，他们之所以抗议校长，是因为"他搞素质教育，不抓学习，轻视高考"。

对南京一中今年高考的情况我不清楚，该校是否或如何"搞素质教育"我不知道，对学校方方面面的管理比如是否真的"不抓学习""轻视高考"我也不了解。因此，我无法对这一事件做出评价。

但是，就"素质教育会妨碍高考成绩"我倒有话要说。

我的观点是：素质教育并不妨碍高考成绩！

"素质教育"和"应试教育"这两个概念已经面目全非，在不同的人的理解中，已经成了公婆之争，各说各有理。我无力说服谁，只是想请大家回到最基本的常识——

素质教育包含了应试，且追求应试成绩，但不仅仅是考试和应试成绩，还有应试和成绩以外更丰富的素养。

应试教育的错误不在于有应试，而在于只追求应试：考什么教什么；不考就不教。

这个常识告诉我们：第一，没有考试的教育根本就不是教育，更不是素质教育；真正的素质教育理应有对高质量教学成绩的追求，包括高考成绩。你不能主观认定素质教育是不抓学习的，然后说"抓素质教育会影响高考"。第二，我们批评应试教育，不是批评应试，而是批评只有应试。有应试不是应试教育，只应试才叫应试教育。

所以，素质教育包含了应试，没有应试不是完整的素质教育。

或者更直接地说，如果一个学校没有应有的高质量教学成绩（含中考、高考成绩），恰恰证明该校的素质教育没有搞好！

我想问借这次南京一中的事件攻击甚至妖魔化素质教育的某些人："难道中国那么多高考成绩辉煌、学生全面发展的学校不是素质教育成功的证明吗？"如果要举例，我可以写出很多很多这样的学校。

当然，我说的"素质教育成功"显然决不包括只有"高考辉煌"而没有学生全面发展的那些"高考集中营"。对此，由于种种原因，我不想也不便多说。

今天，我想以我的经历为例，谈谈素质教育究竟是否会妨碍高考成绩的问题。

我带的第一个高三毕业班是乐山一中高90届（1）班，这个班是我从初中开始教的。那时候，还没有"素质教育"这个词，但这不妨碍我按"让学生全面发展""让班级生动活泼"等理念，在这个班搞了大量改革与探索，开展了一系列丰富多彩的活动：班里成立了许多兴趣小组（那时还没有"学生社团"的说法），我让学生上台讲语文课，我鼓励学生质疑课文并以批判性思维写成小论文，我把作文课安排在农贸市场、凌云山上或岷江之滨，我鼓励学生去摆地摊（卖书、卖冰棍），我让学生搞社会调查然后就有关市政建设上书市长，我带着学生去瓦屋山、峨眉山探险……总之，我们班生动活泼，孩子们开心快乐。所以十多年后，已经调离乐山一中的我被邀请回去做报告时，老师们说："小李，你是多年前就在搞素质教育了！"

但当时领导没有这样夸我，还有同事嘲笑我"标新立异""出风头"。他们都认为我搞这些"肯定会妨碍高考"，个别人已经期盼着我的高考"考砸"。我当时是这样想的，无论我班高考成绩如何，我这些探索都没有错，因为我是在做教育本来的样子。

1990年高考成绩下来后,我班的确没有考好,上线人数远远低于人们的预期,也低于我的预期。可以说,真的"考砸"了!

可以想象我所遭受的舆论压力。在此之前的所有做法——用今天的术语就叫"素质教育"——都成了我的"罪状"。批评的焦点就是:正是我的那些所谓"改革"影响了高考成绩!批评者的逻辑非常简单却无比雄辩:人的精力是有限的,过多的活动必然占用学习的时间,高考成绩焉能不受影响?

我也很难受,觉得特别对不起应该上线却不幸落榜的学生,可我想不通为什么会"考砸":论师资,两个副校长在我班担任主科教学,其中分管教学的副校长上数学课,他后来成了著名的数学特级教师;论勤奋,无论是我还是学生都非常尽力。尽管我开展了不少活动,但都是利用课余和周末的时间,没有耽误过一节课,包括自习课和辅导时间。

后来市教研室一位专家分析,那年整个乐山市高考成绩都滑坡,这和有关部门的高考指导包括对高考动态的把握有误是分不开的。因为当年考砸的并不只是我班和我们学校,而是整个乐山市。

我并不因此原谅自己,我也尽量找自己的原因,比如第一次带高三没有经验,比如对高考题研究还不够透彻,等等。

但无论如何反思和检讨,我都不认为是某些人认为的我"搞了那么多与高考无关的活动"而影响了高考成绩。所谓"与高考无关的活动"是什么呢?中秋晚会、元旦联欢、街头调查、农舍走访、峨眉山看雪、瓦屋山探险、一分钟演讲、模拟性辩论、社会问题论坛、改革热点争鸣……是的,这一切的确是高考不考的,"与高考无关",但我们教师难道仅仅是高考的奴隶吗?难道教育的全部内容和最终目的仅仅是高考吗?如果是这样,那教育不是太可怜也太可悲了吗?然而,没有人和我讲道理——大家只认"高考才是硬道理"。

我的教育改革没有错,这是我当时坚定不移的信念;但我的改革还有缺陷,这是我当时理性清醒的自评。用今天的话来说,就是我的素质教育没有错,但是我这素质教育还搞得不够好。也就是说，我第一次所带班级高考的失利，不是证明我素质教育搞错了，而是证明我的素质教育还没有完全达到目的。

第二个高三毕业班是成都市玉林中学高95届（1）班，这个班我也是从初中带上去的。有人提醒我要"汲取教训"，意思是要全力以赴抓高考，"别搞那些没用的"。但我很清醒，我搞活动没有错，有什么"教训"可"汲取"的？因此，我依然沿着我认定的教育本来的样子去做，而且更大胆、更浪漫——

周末晚上，我组织同学们狂欢，然后我们骑着自行车沿一环路狂奔，青春的笑声冲向夜空；

请每一个小组周末轮流到我家里吃饺子或火锅，然后我们打扑克，或出去踢球；

春天，我们走向原野，用双脚丈量美丽的成都平原，我们的谍战游戏"南下风暴"席卷开满油菜花的土地；

我们第一次韵律操比赛，同学们整齐的手臂将优美的弧线划过在场每一位观众的眼帘，激起一片惊叹；

"一二·九"歌咏比赛，我指挥着青春勃发的少男少女们"军歌联唱"——《我是一个兵》《在太行山上》《游击队之歌》《中国人民解放军进行曲》……最后我们毫无悬念更毫无争议地夺得第一名；

在银厂沟，我们徜徉于青山绿水之间，迎面吹来凉爽的风；

课堂上，我给大家朗诵中篇小说《凤凰琴》，同学们泪如雨下，倾泻着我们共同的悲伤和善良；

高三最后两个月了，可我的语文课并没有做大量的练习，而是让同学们读刚刚出版的《城市季风》《文明的碎片》；

新年前夕，我们在野外点起篝火，数着星星，迎接着新年的到来；

毕业前，最后一次去野外，我们在游泳池里疯狂，溅起的水花洗净了蓝天……

"都高三了，小李还敢这样干，胆子够大的！"不少同事为我担心。

对我来说，最大的收获是证明了自己：五年前那些被认为会影响高考的做法，我依然坚持，五年后却赢得了高考的辉煌。我坚信，教育就应该是这样的！

因为那次我班的高考空前辉煌，我一下成了"新闻人物"，被宣传，被热捧，说我是"素质教育的先锋"——那时候，"素质教育"这个概念刚刚出现，正是一个时髦的热词。

的确，素质教育没有错，素质教育不会影响高考！

或者可以这样说——我再说一遍，五年前，高90届（1）班的高考失利，说明我素质教育没搞好；而高95届（1）班的高考成绩，证明我搞素质教育成功了。

多年前，已故著名数学特级教师孙维刚，因为学生的高考成绩突出，他居然被人指责为搞"应试教育"，可他一个学生在孙老师去世后写道："我要用我的全部生命证明：孙老师是真正的素质教育！"

高95届（1）班的学生回来看我，都觉得我们班很温馨、很幸福。孙任重甚至说："进大学后，同学们都诅咒高三，我却特别怀念我的高三！"陈蓓也说："我跟人家说我们高中搞了很多活动，人家都不相信！"

我想，我的高95届（1）班的每一个学生也可以为我证明："李老师是真正的素质教育！"其实，就高考录取而言，我的高90届（1）班似乎也不差，但因为乐山一中是省重点，高一招生是全市择优，所以哪怕我班上有考上北大、复旦的，依然不能说高考成绩很好；而我的高95届（1）班，因为成都玉林中学当时是新建不久的普通中学，生源一般，上级给我班的上线指标是20.5个（班上51个学生），可我班上一次性上本科就是38个！最后的录取结果是除了一个读中专，全部上大学，当然堪称"辉煌"。

所以，所谓"出色的高考成绩"不是一个绝对的上线数字，而是一个相对的增长幅度，即学生在原有基础上所能获得的最好的提升——生源优异，本来应该100%上二本，却只有90%，就算你在全市名列第一，甚至出了"状元"，也不能说是"出色"；生源不好，公众预期一个都考不上，却居然上本科线好几个，这就是"出色"。

有人说："时间是有限的，用于活动必然耽误刷题。"

我想说：第一，素质教育远不只是活动，它也体现于课堂教学过程中，以为素质教育只是吹拉弹唱、蹦蹦跳跳，那是极大的误解；第二，素质教育的学科教学包括冲刺高考，需要时间但绝不只是时间的堆积，也不是"题海战术"的滥用，而是效率的提高，更是以一当十的"精题巧练"，这对教师的专业素质和教学智慧是极大的挑战。所以我多次说过，素质教育对教师的要求更高。当然，这是另一篇文章的内容，有空我再专门谈谈。

我想对南京一中的校长说，也许您的确有许多地方需要反思和改进，但素质教育没有错！您千万不要停止素质教育，而应该改进和完善素质教育。

我想对南京一中学生的家长们说，我理解你们的心情，毕竟你们的孩子只有一次青春，但事已至此，围堵学校是没用的，帮助学校改进工作，支持并参与中国素质教育的进程，也是每一个家长的责任。

今天，我之所以想到这两个班并回顾这段经历，就是想说明——素质教育决不会影响高考成绩，如果高考考砸了，不是因为搞了素质教育，而恰恰是因为素质教育没有搞好！

完整而完美的素质教育，必然包括出色的高考成绩，尽管不仅仅是高考成绩。

2020 年 8 月 2 日

所谓"教育",就是想要孩子有的,我们先得有

当今是各种教育"新理念""新模式"满天飞的时代,也是教育常识缺失的时代。最可怕的,还不是常识的缺失,而是大家不知道常识缺失;不,这还不是最可怕的,最最可怕的是,大家明知道一些常识的缺失,却以为是正常的——这不但可怕,而且可悲。

不需要刻意去寻找常识缺失的例子,这些例子就在我们最寻常的校园生活中。我讲一个我亲身经历的事吧——

2006年9月刚开学时,我以成都市武侯实验中学校长的身份第一次参加升旗仪式时,看到孩子们队列整齐、表情庄严,可老师们却没有队列,东站一个西站一个,有的还在学生队列后面聊天。我没有当场批评,而是拍了几张照片——有精神抖擞的孩子,有随意散漫的老师。

第二天下午有例行的教工大会,我将头天拍的照片打到投影幕布上。第一张照片就把老师们震撼了:穿着校服的孩子们,整齐划一、昂首挺胸,望着冉冉升起的国旗。第二张刚一打出来,老师们便哄然大笑——三三两两正随意站着聊天的老师们,与第一张照片中孩子们的队列反差实在太大。第三张照片更具意味——前面的同学们巍然屹立、宛如雕塑,后面的老师却在聊天说笑,仿佛是农贸市场老友重逢。一张张的照片次第展示出来,慢慢地,老师们不笑了。

我说:"老师们想想,难道参加升旗仪式可耻吗?如果不可耻,为什么我们不认真参加呢?如果可耻,我们为什么要让学生去做可耻的事呢?我们对学生进行过多少爱国主义教育啊!说过多少升旗仪式的意义啊!也告诫过学生要认真对待升旗仪式,要站端正,不要说话,要庄严肃穆,等等。可这些给学生说的话,我们为什么做不到呢?什么叫教育的良知?让学生做到的,教师也能够做得到,而且该做得更好。如果说一套做一套,就毫无良知可言!"

会场一片安静,也许老师们都在思考我的话。

我决定"独裁"一次,宣布:"从下周升旗仪式开始,除了班主任站在所在班级队列旁边之外,全体老师单独站成一个队列,站在全校学生的最中间,让我们成为学生的示范!"

果然,从那以后,每次升旗仪式前,老师们都自觉面对升旗台站在操场最中间,两旁是全校学生。每次体育老师整队时,首先对老师们发出口令:"全体老师注意了,稍息,立正!向前看齐!"老师们都认真地听从口令,调整队列。然后,体育老师再对全校学生喊道:"全体都有了啊,立正,稍息,立正!两边的同学,向左向右转——向老师们看齐!"全校学生齐刷刷转过身,面向老师,对比老师队列,调整队形。

"向老师们看齐!"气势磅礴而又意味深长的一语双关。这句话道出了教育的全部"秘诀"——从某种意义上说,所谓"教育"就是教师有底气对学生们说:"向我看齐!"

于是,每次升旗仪式,我们老师的队列和孩子们一样的整齐壮观。

但我又发现,仰望升起国旗唱国歌时,孩子们认真唱,多数老师却没出声。我又"多嘴"了:"既然要求学生们唱国歌,我们有的老师为什么不唱呢?希望每一位老师也能面对国旗把国歌唱出来!"于是,当国歌奏响时,老师们的声音交织着孩子们的声音一起在操场上空回荡:"起来,不愿做奴隶的人们!……"

从那以后,我校的升旗仪式越来越好——我主要指的是老师们的状态越来越好。后来有外校来的老师看了我们的升旗仪式，都说"令人震撼"。

其实，我校升旗仪式"令人震撼"的原因很简单，就是老师们很认真，而全校同学不过是"向老师们看齐"而已。

有时候我在外面讲学时会讲到这个例子，然后我会问听众一个问题——现在，我想把这个问题拿来问问本文的每一位读者："在您学校升旗仪式上，老师们的表现如何？或者说，您的表现如何？"注意，这里所说的"表现如何"的标准，是和同样站在操场上参加升旗仪式的孩子们相比，您比孩子们做得好吗？

我敢说，就目前大多数学校而言，升旗仪式上表现不如学生的老师绝非少数！以唱国歌而言，姑且别用认真大声唱国歌的孩子们的标准去"苛求"老师，和不少站在队列里木然听着国歌的旋律却连嘴唇都懒得动一下的老师相比，那些能够稍微动动嘴唇哼哼的老师就已经相当不错了。

先暂且放下各种"前沿"的"教育理念"，回到教育的常识，叩问一下我们的良知——

我们对学生讲的，我们信吗？我们对孩子们讲了那么多做人的道理：真、善、美、正直与宽容、伟大与崇高……是从我们内心深处如清泉一样自然而然流淌出来的呢，还是不假思索、言不由衷地如传声筒一般的说教？如果你都不相信你说的话，你为什么对孩子说，而且往往还说得那么"真诚"、那么"声情并茂"？网上有一句话很是流行——据说是托马斯·潘恩的话："一个人如果极力宣扬他自己都不相信的东西，那他就是做好了干任何坏事的准备。"这话主要是批评那些无耻政客的，可是如果教育者也这样，那就太可怕了！细思极恐。

我们要学生做的，我们做了吗？我们要学生为灾区孩子捐款捐物献爱心，我们捐了吗？会不会在教室里给孩子们说完"孩子们，人人都献出一点爱，这个世界将变得多么美好"之后，回到办公室便大发"我才不捐呢""我也需要别人给我献爱心呢""鬼知道这些钱捐到哪里去了"之类的牢骚？我们要孩子学雷锋，我们学雷锋吗？我们要孩子多读书，我们读书吗？我们要孩子有礼貌，我们有礼貌吗？我们要孩子说到做到，我们说到做到了吗？我们要求孩子举止文明，我们举止文明吗？我们要求孩子有阳光心态，我们的心里也充满阳光吗？

我相信，我国大多数教师是堪为人师因而问心无愧的；但我同样相信，并不是所有被称作"老师"的人都经得起这样的自我拷问，当然他们也不愿意这样自我拷问。"自己是一摊烂泥却恨铁不成钢"，这是网上一句讽刺和批判某些自己无能却要求孩子杰出的家长的，可我认为同样适用于那些经不起良知追问的教师——自己一摊烂泥，你有什么理由和资格"恨铁不成钢"？

我不止一次在学校大会上对老师们说："如果以对学生的要求来要求自己，我们就非常了不起了！"真的，想想吧，别说学这个学那个，我们就学习一下我们跟孩子说过的话，我们就好好想想我们对孩子们提过哪些做人的要求，然后我们认真把这些要求做到，那么，我们每一个人都堪称圣人！

我曾经在微信上写过一段话，引起网友们普遍点赞——

> 有时想想，教育其实很简单的。就是先让自己善良起来，丰富起来，健康起来，阳光起来，快乐起来，高贵起来，然后去感染孩子，带动孩子，让孩子也善良、丰富、健康、阳光、快乐、高贵。除此之外，还有教育吗？现在最大的问题是，教育者缺乏的，却要让学生拥有，岂非缘木求鱼？

我越来越认为，所谓"教育"，没那么复杂，其实就是你想要学生有的，你先得拥有。

为人师表、言行一致、正人先正己，要孩子做到的教师应该先做到……这就是当下我们每一位教育者应该遵循的最大的教育常识。

2017年9月24日

为应试教育大唱赞歌,就是对人民的犯罪!

在我看来,"减负"应该是一件大快人心的事,或者用一句我们特别熟悉的表达:"减负"应该是"亿万人民的共同心愿"。但事实上并非如此。

在关于"减负"的讨论中,居然还有人不赞成"减负",认为"减负"降低了"教学质量"。有些人不但不同意"减负",而且还公然为应试教育唱赞歌:"历史将为应试教育平反。""应试教育是一个伪概念。"……这些还都是有地位的领导或有身份的专家比较正式的说法。

还有一些普通老百姓,也对应试教育表现出无限的依恋,比如有人说:"应试能力也是一种素质嘛!"还说:"如果取消了应试教育,就堵死了贫寒子弟上升的通道。""目前的教育制度是相对比较公平的,如果搞所谓'素质教育',中国最后一道公平的底线将不复存在!"……比较有代表性和影响的说法,就是去年的一篇文章:《你要你的素质教育吧,我只想上清华》。

这些为应试教育辩护的言论,无一不是以"人民的名义"站在"人民"的立场,打着维护"公正"的旗号而发出的。但我要说,这些说法都是似是而非的。应该说,这些应试教育的拥护者,都没有恶意,他们都善良地希望提高教育质量。但这些认识至少对素质教育和应试教育缺乏正确的理解和认识。

我今天不打算长篇大论地论证素质教育和应试教育的功

过，只想尽可能简洁地厘清二者的基本内涵和区别，但愿有助于消除对素质教育的误解和对应试教育的错觉。

关于"素质教育"和"应试教育"的定义，我不想重复书上、网上浩如烟海的各类解释，我愿意通俗而简洁地说说我的理解："素质教育，就是以发展学生全面素质为宗旨的教育。"而"应试教育，就是以追求考试分数为唯一目的的教育"——考什么，教什么；什么不考，就不教什么，分数是其唯一的目标和评价标准。这就是"应试教育"！

也就是说，素质教育并非取消考试，相反，没有基于学生原有学习水平提高的考试成绩（当然包括高考和中考），就不是完整的素质教育，可见素质教育就包括了让能够考上清华的孩子上清华。而应试教育的要害，不是有考试，而是仅仅有考试，除了考试别无其他。

现在有的人对素质教育的批评和对素质教育的赞美，都是建立在这样的"逻辑"上的——

第一，把"考试"从素质教育中抽离出来，然后对素质教育大加讨伐："素质教育不要考试！""没有考试的教育，还叫教育吗？"相当于首先强行把一个人的衣服剥光，然后嘲笑他："衣服都不穿，还叫人吗？"

第二，把"应试"和"应试教育"混为一谈，然后理直气壮地反问："难道教育可以不要考试？""有应试的教育，有什么不好？"相当于一个人吃饭时只吃盐，不吃其他，别人批评他，他却说："难道人能够缺少盐吗？""没有盐的食物，还叫食物吗？"而人们批评他的，并不是他"吃盐"，而是他"只吃盐"。

任何比喻都是片面而蹩脚的，我在这里只是打个比方，不是严密的逻辑论证，但道理是相通的。

遗憾的是，一些人在为应试教育辩护时，恰恰用的就是上面说的第二个"逻辑"。

不能因为在实施素质教育过程中有许多荒唐的做法，就否认我们对学生素质全面发展的追求。民主、自由，是人类多么美好的价值追求，可在追求的过程中，又出现了多少混乱？——当今世界许多地区的乱象正是以"民主、自由"的名义造成的，但我们能够否认民主、自由的理念吗？因此，教育的种种乱象，怎么能怪罪于素质教育呢？

应试能力是一种素质，但应试教育只训练学生这一种素质，而素质教育则希望学生具备包括应试能力在内的全面的素质。就像我前面说的，人不能不吃盐，但不能只吃盐。借口"应试能力也是一种素质"而大搞"应试教育"，就是只让孩子吃盐的"教育"。

我们对应试教育的谴责，首先是对准教育行政部门的，因为他们是教育政策的制定者，是教育评价的主宰者；如果说基层校长和老师有种种"不是"，主要责任不在他们而在教育主管部门。我曾说过，应试教育"逼良为娼"，而学校校长和老师是应试教育最大的受害者，因为学生最多受害几年，而学校教育者则是几十年乃至一辈子。

如果说应试教育的评价考核仅仅是分数，那么素质教育的评价考核包括分数但不仅仅是分数，还有综合素质。这当然是难度极高的改革，但只有改革了评价，或者说只有评价趋于科学全面合理，素质教育才会真正成功。所以，抨击应试教育，终结应试教育，绝不是无理性地指斥和折腾基层学校的校长和教师，恰恰是呼唤教育改革所带来的素质教育，解放千千万万的孩子、千千万万的校长和教师！

应试教育带给孩子和教师的负担过重，严重损害了孩子和教师的健康，磨灭了孩子和教师的创造力，让中国失去国际竞争力——一点都不夸张地说，中华民族的未来将毁于应试教育！

正是从这个意义上说，应试教育的拥护者可能主观上没有意识到，"以人民的名义"为应试教育大唱赞歌，就是对人民（千千万万孩子和千千万万教师）的犯罪。

2019年3月8日

许多"改革""创新",不过是恢复常识,回到起点而已

"改革"和"创新"是我们这个时代最响亮的词语。是的,没有改革开放,就没有中国经济辉煌的四十年。所以说,改革没有终点,创新没有止境。但我们要清醒地认识到,其实许多"改革""创新",不过是恢复常识,回到起点而已。

比如,中国改革开放公认的起点,是安徽省凤阳县小岗村十八户农民的血书。这份血书现在珍藏于博物馆。但仔细想想,小岗村农民冒着坐牢乃至失去生命的危险所诉求的,不过是"种自己的田"而已。自古以来,农民种自己的田,不是天经地义的吗?这叫什么"改革"呢?只是因为在几十年的人民公社制度下,土地是集体的,不再是自己的,现在把田地要回来自己种,相比起为生产队种地,"为自己种地"自然就是"改革"了。然而,这不过是恢复了常识而已。

比如,最近几年成都市武侯区学校的"两自一包"被媒体作为教育创新的典型经验广泛报道,来自全国各地的参观者众多。所谓"两自一包",就是学校自主办学,校长自聘教师,经费包干。但仔细想想,这是"创新"吗?好像不是。过去的学校,比如陶行知的晓庄师范,包括抗战时期的流亡学校,不都是"两自一包"吗?难道学校不应该自主办学吗?难道教师不应该由校长选聘吗?但是,相比起以前学校和校长几乎没有自主权,武侯区的"两自一包"的确是一种"创新"。然而,这不过是回到了起点而已。

比如，山东杜郎口中学、北京十一学校以及全国许多以课堂改革而著称的学校，把课堂还给学生，自主学习、个性学习、小组合作学习，尊重学生的意愿开设课程，走班制，甚至为每一个学生私人定制课表……都以"改革""创新"的经验推向全国。是的，相比统一的课程、统一的教法以及教师的满堂灌，这些做法无疑都是改革与创新，但仔细想想，学习本来不就是学生自己的事吗？孔夫子早就提倡"因材施教"了，苏格拉底早就采用对话式教学了，教育本来就应该是这样的，当今一些学校的创新不过是回归了正轨而已。

我没有否认当今中国教育的改革创新成果。即使"两自一包""小组合作学习""走班制"等，在具体的形式和操作上，也不完全和传统的做法相同。而且在信息时代，由互联网带来的变革，给教育注入了新的活力，丰富了我们的教学内容，更新了我们的教学手段，甚至改变了师生的教与学关系。但在本质上，教育的常识没有变；从根本上说，我们的教育"改革"与"创新"没有越过教育先贤们的视野。

然而，试看当今中国，各种教育"改革""创新"何其多矣！今天一个"新理念"，明天一个"新突破"，声称"教育创新"的局长、校长和老师如过江之鲫，各种花样翻新的"××教育"模式令人眼花缭乱，还有人动辄说自己"首创"了什么，"第一个提出了"什么，或者说自己是"中国××教育第一人""创始人""之王""之父"……

但其实，好多东西早就有了，只不过换了一个说法："育人主张"换成"办学理念"，"建立良好班风"换成"打造班级文化"，仅此而已。

而当我说自己"真的没有任何原创的教育思想，我所践行的都不过是陶行知、苏霍姆林斯基的思想"时，要么被误以为是"谦虚"，要么被讥讽为"矫情"——总之，是被人看不起。

每当这时，我就想到已故著名教育理论家吕型伟的话："要谈教育创新吗？先学点教育史吧！"

2020 年 12 月 25 日

名校再多，孩子睡眠不足等于零

——我在市人大小组会上的发言

2021年成都市《政府工作报告》中提到"实施幸福美好生活十大工程"，我也认真读了"关于实施幸福生活十大工程的报告"。对此我谈点自己的感想。

我是一名退休教师，关注点自然首先是教育。今年刚好是我在成都工作生活三十周年。我1990年年底到成都，1991年年初正式在成都工作，我见证了成都市三十年来的教育发展。毫无疑问，成就是巨大的。比如，当时我工作的成都玉林中学刚建不过三年，在成都连三流学校都谈不上，但现在已经是成都名校。丁校长所在的成都棕北中学当时还没建立，可棕北中学现在已经是成都市民公认的名校。成都玉林中学和成都棕北中学的发展应该说是成都基础教育发展的缩影。另外，无论是学校数量，还是升入大学的人数，还有各类教育的发展，三十年来的变化可以用"天翻地覆"来形容。"关于实施幸福美好生活十大工程"中提道："要建设更多家门口的好学校。新建和改扩建幼儿园、中小学400所，义务教育、普通高中优质学校覆盖率提升到70%……"非常好！可以想见，未来成都的教育一定会有更大的发展。

但也应该看到，现在中小学生自杀的人数也远远超过了三十年前，现在孩子的睡眠也大大少于三十年前，学生的作业量更是远胜于三十年前。幸福是一种精神感觉，是一种源于内心的享受感，而不是外在的物质环境和条件。"名校"建得再多，并不必然带来幸福。

因此，就"幸福美好生活十大工程"中的教育部分，我提如下建议：

第一，切实减轻中小学课业负担，保证孩子的睡眠和身心健康。

这当然是一个老话题了，但一直没有解决。我刚刚看到网上公布的教育部部长陈宝生最新讲话，他说要"抓好中小学生的作业、睡眠、手机、读物、体质管理"。我特别兴奋。即使陈宝生任部长期间什么事都没做，如果他切实保证了全国中小学生每天晚上的睡眠时间，仅凭这一点，在我眼中他就是一个了不起的部长！不只是睡眠，还有学生近视率的上升和体质的下降，也是触目惊心的。当然，睡眠不足、近视增加和体质下降，都是由过重的课业负担造成的。如果孩子长期睡眠不足，建再多的"名校"都等于零。

当然，我今天不是来吐槽的，问题大家都知道，吐槽也很容易。我的重点是建议。现在，陈部长已经公开说了要解决孩子睡眠的问题，那么我们可以借此"东风"，通过对学校的督导考核这个"指挥棒"来指挥学校减负。有人说，高考制度不改，学生的负担不可能降得下来。不对，难道三十年前没有高考吗？难道现在考大学比三十年前还难吗？如果仅就考大学的难易而言，三十年来，高考制度已经发生了很大的变化，可是学生的负担却越来越重。所以，高考改革并不是学生减负的唯一动力。"县官不如现管"，还是要发挥教育行政部门对学校的督导作用，减轻学生负担。

我当过校长，知道每个学校对教育局的督导考核相当重视，因为这涉及学校的经费和绩效。那么，我们完全可以在这个督导考核的分值中加大学生体质健康的权重，但我看了看某地教育局的督导考核标准及评分细则，里面关于学生体质的考评分值实在太低。在我看来，学生体质的评分分值至少应该占一半，比如我看到的某督导考核方案，总分是 125 分，那么学生的体质我认为至少应该占 60 分，退一步说，就算德智体各占三分之一，也应该有 40 多分；再退一步，就算德智体美劳各占五分之一，也应该有 25 分。可是，该方案仅有12分！125分中仅占12分，这样的"力度"显然无力。因此我建议，在对所有中小学的年度督导考核中，在现有基础上大幅度提升"学生体质"的分值。可以根据中小学生的体质健康标准，将督导考核标准细化，合理设置分值。我相信，有了督导考核这个行政导向和"倒逼"，学生的课业负担、睡眠情况和体质状况，会有好转。

第二，真正为老师们减负，让学校恢复宁静，使老师们能够潜心教书。

现在学校老师的负担之重，众所周知。当然，任何行业都不轻松，但现在教师们的"负担"很大程度上并非教育教学本身，而是教育教学以外的"工作"。今天，一位校长告诉我，他这学期（半年）收到的教育局布置各项工作的文件达786份！每一份文件落实到教师头上都是一项必须完成的工作。

学校负担重，主要体现在两个方面：一是各种形式主义的要求，正如我在去年《谁榨干了教师的激情》一文中所写："动辄'痕迹管理'，动辄'过程资料'，老师们喘息着拍照、填表、做PPT、发微信公众号（其实也没几个人点击），还有各种打卡……而这一切都和考评有关，和绩效有关，老师们明知没有意义，也敢怒不敢言，甚至不敢怒不敢言……"现在去做一次家访，都必须拍照以证明"确实家访了"，于是作出"和蔼可亲"的表情装模作样地和孩子及其父母"促膝谈心"的照片被发到了微信公众号和美篇上，一看就很假。但作这些假，却耗费了老师们大量时间。二是政府各种"重大任务"的摊派，各部门各行业都有自己的"中心工作"，但有时这些工作被摊派到了学校："法治进校园""廉政进校园""京剧进校园""中医进校园""禁毒缉毒进校园""节能节水进校园""消费维权进校园""生态文明进校园""消防安全进校园""防震减灾进校园"……什么都要"进校园"，于是学校便不堪重负，而每一项"进校园"，最后都成了教师不可推卸的"任务"，都成了孩子们必须要背诵的"应知应会"。今年成都要举办世界大学生运动会，不知"迎大运"会不会也"进校园"？当然，如果这个"进校园"是让大家知道并关心，然后力所能及地参与，那是没问题的。我担心的是，"进校园"

又变成了师生为应付各种"活动"而鸡飞狗跳的忙碌。

解决这个问题，政府自己就可以做到。为此，我建议：成都市政府清理一下各局各委下发给学校的文件，哪些属于不合理的"摊派"？然后郑重发文，严禁任何与教育没有直接关系的事务"进校园"。而且各部门的一把手应该是这项工作的责任人，一旦违反，必须追责。早在十多年前，胡锦涛同志就提出，要让老师们"静心教书，潜心育人"。希望胡锦涛同志当年的话能够成为现实。

第三，建立学生家长培训制度，提升家长教育素质。

现在人人都很重视对孩子的教育，但并非人人都意识到自己的责任，我这里的"人人"特指学生家长。我曾写文章说："学校教育非常重要，但无论多么重要，都只是家庭教育的重要补充。"我还曾经发表过演讲，题目是"父母是孩子最好的'起跑线'"。现在的问题是，很多家长没有意识到自己对孩子的"第一教育责任"；有许多家长虽然意识到了，却不知怎么教育孩子。好多家长只盯着孩子的分数，带着孩子上各种补习班，以为这就是"重视教育"了。因此，培养合格的家长应该成为一项全社会重视的大事。

可能其他行业的人不太知道苏霍姆林斯基这个名字，苏霍姆林斯基是最近几十年对中国教师影响最大的一位世界级教育家。最近我重读他的著作，深感他对家长教育的重视，他专门写了一本《家长教育学》。在他任校长的学校开办了家长学校，所有在校学生家长、即将入学的孩子家长和未来的爸爸妈妈，都会进入他的家长学校学习。其实，在中国的学校，不能说不重视家长培训，但次数很少，而且形式单一，往往只是通过每学期一次的家长会进行相关的培训，或者不定期地搞一些讲座。这些培训都不是全员的，内容也不系统。

为此我建议，各学校要建立面向全体家长的培训制度，利用周末或晚上的时间，对家长进行系统的培训，建立类似于夜校的家庭教育学校。产生的费用由政府买单。更重要的是，整个成都市要建立家长教育培训的机制与制度，从公共服务的层面，对尽可能多的家长进行专业的培训，比如，我们有著名的"金沙论坛"，那么可不可以有"家教论坛"？在每个周末都在成都图书馆或更大的报告厅（比如成都市新会展中心）举行面向所有市民的家庭教育讲座，主讲人以成都本地的家庭教育专家为主，也可以邀请全国著名的家庭教育专家来做演讲。注意，这种培训，应该是传授系统的家长教育理论和方法，而不是零散的、碎片化、彼此没有联系的讲座。试想一下，如果"家长教育讲座"能够成为成都市民每个周末的福利，几年之后，成都市的家庭教育水平会有怎样的提升？还要说明的是，这些讲座都是纯公益的，主讲者分文不取。我这里表个态，如果开设这样的讲座，我非常愿意参与。

学生课业减负，睡眠充足，体质健康；教师清爽工作，安心教书，静心育人；家长素养提高，懂得教育，家校合作——成都市的教育水平必然升高，市民的幸福感自然增强。通俗点说，如果我们的孩子每天晚上都能有充足的睡眠，我们的老师每一天都能清清静静地教书，即使少建几所"名校"，又有什么关系呢？

2021 年 2 月 6 日

"全面发展"不等于门门功课 100 分

一

叶开的《要干掉你的孩子,就让他全面发展》一文,说出了我一直想说的话,读来酣畅淋漓,我忍不住直呼痛快!叶开是作家,他写的是随笔杂文,而不是博士论文。如果四平八稳,就不是叶开了。"抓住一点,不及其余",排炮连发,直击要害,非如此不能挑破脓疮,铲除恶疾。读罢,拍案叫绝的同时,我给叶开发微信:"我打算写篇短文声援你!"

我没有叶开的才华与胆略,霹雳文章显然写不过他,但作为一个有近 40 年教龄的教师,我可以谈谈我对"全面发展"的看法。

二

追溯起来,作为党和国家的教育方针,"全面发展"源于马克思关于人的全面发展学说——在马克思那里,这远不只是"教育思想",而是他整个理论的重要基石。

今年 7 月,我重读了马克思《1844 年经济学哲学手稿》。正是在这份手稿中,马克思提出,人的全面发展是"人以一种全面的方式,也就是说,作为一个完整的人,最终占有自己的本质"。而"最终占有自己的"就是符合自己的自由发展,所以从某种意义上说，马克思的"全面发展"的另一个含义，就是"自由发展"。在四年后发表的《共产党宣言》中，马克思和恩格斯明确指出，人的自由发展是共产主义者的理想目标和共产主义社会的基本原则。

他们的原话是——

> 代替那存在着阶级和阶级对立的资产阶级旧社会的，将是这样一个联合体，在那里，每个人的自由发展是一切人的自由发展的条件。

马克思主张"人的全面发展（自由发展）"，针对的是资本主义社会下人被扭曲的畸形化、机器化的状况，所以他才提出，在共产主义社会，人将成为全面发展的人，即人实现了劳动活动、劳动能力、社会交往、自由个性和人类整体的全面发展，同时每一个人又能最大限度地让自己的个性与天赋得以自由发展，并按自己的愿望从事职业。注意，在这里全面发展与个性发展是统一的。而人的自由与解放，则是马克思主义最终的目标。

实际上，不只是马克思，我们从古希腊哲学家亚里士多德主张的和谐教育，以及后来夸美纽斯提出的泛智教育以培养和谐发展的人，再到卢梭主张自由、理性、善良、人性的自然主义教育……都可以看到"全面发展"的理念。

可以说，以人的自由与解放为目的的"全面发展"，是整个人类的理想。无论是马克思主义，还是西方教育学说，所谓"全面发展"的核心是人最大限度的自由与和谐。

三

从 20 世纪 50 年代开始，"全面发展"正式成为国家的教育方针。毛泽东在 1957 年明确提出："我们的教育方针，应该使受教育者在德育、智育、体育几方面都得到发展，成为有社会主义觉悟的有文化的劳动者。"本来是马克思设想的共产主义社会才有的理想状态，被中国提前到了社会主义阶段。但我认为，从字面上看，毛泽东所说的"德育、智育、体育几方面都得到发展"

并没有错，这和马克思的"人的全面发展"完全吻合。

其实，究其功能来说，教育就是促进人的全面发展，非全面发展的"教育"显然不是真正的教育。无论是"四肢发达、头脑简单"或相反，还是钱理群教授所抨击的"绝对的、精致的利己主义者"，都是人的扭曲与畸形化。当教育丰富多彩的内涵只剩下"刷题"两字的时候，我们中国人不得不发明了"素质教育"的概念，以提醒人们——教育是要讲素质的全面发展的。对了，当年国家教委副主任柳斌在阐释"素质教育"的内涵时，所提的"两全一主动"，即"面向全体、全面发展和让学生主动学习"，正包括了"全面发展"。所以，强调全面发展，是教育向人的回归。正是在这个意义上，我经常说，所谓"素质教育"就是教育本身。

所以说，重新强调"全面发展"没问题，问题在于——

如何理解"全面发展"？

四

还是让我们回到马克思关于"全面发展"的原话上来——

> 人以一种全面的方式，也就是说，作为一个完整的人，最终占有自己的本质。

在这里，"全面"的意思是"完整"，"完整"则意味着一个人"最终占有自己的本质"。

而所谓"本质"，就是固有品质，就是根本性质；"自己的本质"，通俗一点说，就是与众不同的突出禀赋与鲜明特点；"占有自己的本质"，就是一个人成为独一无二的自己，用今天一句很流行的话来说，就是"做最好的自己"。

所以，真正的"全面发展"应该是，促进人的身心和谐与人格健全，同时又最大限度地发现和发展人的潜质，让每一个人都拥有符合自己天赋特点的突出优势和出众才能，成为一个自豪而幸福的人。

苏霍姆林斯基有一段话让我感动不已——

> 共产主义教育的英明和真正的人道精神就在于：要在每一个人（毫无例外地是每一个人）的身上发现他那独一无二的创造性劳动的源泉，帮助每一个人打开眼界看到自己，使他看见、理解和感觉到自己身上的人类自豪感的火花，从而成为一个精神上坚强的人，成为维护自己尊严的不可战胜的战士。……人的充分的表现，这既是社会的幸福，也是个人的幸福。

让每一个人成为"精神上坚强的人"，成为"维护自己尊严的不可战胜的战士"，让人"充分的表现"，最后实现"社会的幸福"与"个人的幸福"——这是对"全面发展"最精辟的解说。

五

而我们现在一些人理解的"全面发展"是什么呢？是"不偏科"，是"什么都会"，是"什么都精"，是"门门功课都考100分"……是叶开所说的"超人"——"能文能理，能文能武；能高能矮，能胖能瘦。上知天文，下懂地理。出得厅堂，进得厨房。长得帅，还有钱！"

这离马克思作为共产主义理想的"全面发展"和毛泽东作为党的教育方针的"全面发展"何止十万八千里？

先把"全面发展"由德智体的范畴缩小到"智"，再细化为分数和考级，甚至具体到每门功课都必须优秀——如此"全面发展"，不但抑制了每一个孩子独一无二的天赋凸显与发挥，进而还损害了孩子的健康、信心与尊严，本来可以成为"维护自己尊严的不可战胜的战士"，却成了被人看不起的"差生""学渣"，不但没有"最终占有自己的本质"，反而被别人"占有"了！

所以，叶开先生才激愤地说："要干掉你的孩子，就让他全面发展！"

我想，假如鲁迅在世，他会再次呐喊："救救孩子！"

从教近40年，我深感"全面发展"这四个字害人不浅。有不少学生，本来可以在某方面出类拔萃，以实现苏霍姆林斯基所说的"人的充分的表现"，却因"全面发展"，其独特的禀赋被扼杀，连不充分的表现都不能实现，最后堕入平庸。

相反，在我教过的许多学生中，不少孩子正因为没有"全面发展"最后却发展得非常好，成了最好的自己，在事业上赢得了属于自己的辉煌。

六

前不久，在拙作《教育的100种可能》成都发布会上，书中主人公之一的胡小鸥回忆说："当年我的数理化成绩不好，语文和英语却很突出。换一个老师，可能会说，既然你数理化不好，那你得赶紧补数理化啊！但李老师却对我说，那你要多在你最感兴趣、最符合你个性特长的方面努力！"现在，胡小鸥是我国唯一获得国际作曲大奖的著名作曲家，电视连续剧《平凡的世界》的音乐和主题曲就是他创作的。最近热播的电影《我和我的家乡》，他也是作曲者之一。他说："我做这个职业和李老师有没有关系呢？说和李老师有关系，其实是没有；如果说没有关系，但是李老师对我影响是很大的，可以说非常大。李老师告诉我，你有什么长处就尽量发挥这个长处。而我最喜欢的是音乐，所以我到了高中的时候，我特地选了音乐，最后成了我的职业。"

胡小鸥说的这段往事，我完全没有印象了，但我想当时我会那样说的。当然，胡小鸥由一名数理化学科很弱的学生成为一名具有国际影响的作曲家，主要不是因为我的教育，而是他的父母的培养。但是，我至少没有用"全面发展"去扼杀他的天赋，何况，我有限的鼓励和引导至少更加坚定了他的信心。

在我的学生中，这样的例子还有很多。张凌成绩极差，后来却成了四川省足球教练；宋怡然当年胆小自卑，现在却成了一名摇滚歌手；崔涛当年倒是"学霸"，但学工程的他最后转到他一直喜欢的教育，现在成了一名教育创新的副校长……一个孩子，只要找到了最符合自己兴趣爱好的学科，就一定能成为独一无二的最好的自己。

这些学生是"全面发展"吗?不是,因为他们只认准自己志趣所在的方向,努力去发展自己,而忽略甚至放弃了其他学科;但他们的确是全面发展,因为他们身心健康、人格健全,"最终占有自己的本质",是真正意义上的全面发展。

七

现在许多人所追求的"全面发展",实际上是"平均发展",这种"平均发展"严重扼杀了孩子的天赋,阻碍了他们的成长。要破除这种"平均发展"观,有赖于包括每一位家长和教师在内的所有教育者更新人的发展观。特别是孩子的父母,一定不要把自己的孩子看成无所不能的全才,有一门功课不理想就焦虑不已;更不要和别的孩子攀比,要相信在中国,高考状元不少,名牌大学的学生很多,你的孩子只有一个,而你的孩子是这个宇宙无与伦比的唯一!

当然,除了教师和家长改变观念和做法,还有一点至关重要,这就是我们国家整体的教育评价体系必须进行根本的改革。当然不是说要取消考试,更不是说(也不可能)取消高考,但是,我们的评价是否能多元化、个性化、延时化呢?

所谓"多元化",就是评价的方式应该有不同层次、不同阶段、不同类别等方面的差别;所谓"个性化",就是将统一的基本要求降到最低,然后根据不同的个体采用不同的评价"尺子",尽量不要"一刀切";所谓"延时化",就是对学校教育质量的评价,不要只看三年后的中考或高考的升学率,而是看三十年以后学生的"成人率",因为每一个孩子不只有三年后考上重点高中或大学的一种可能,而是有100种可能!

教育评价体系的改革显然不是三言两语能够说透的,那将是一篇大文章。我这里只是顺便提一提。但在国家的评价体系没有改革之前,我们每一位家长和教师应该想想，我能够为孩子做点什么？教师可不可以别因学生"偏科"而逼学生"补短"？家长可不可以别因孩子"又没考入前十名"而逼孩子上那么多的"周末班"？

眼看着孩子为了"全面发展"而精疲力竭、睡眠不足、视力下降、体质羸弱、精神萎靡、天性尽失……大人不心疼吗？每一位老师和家长不妨问问自己——孩子的"全面发展"与健康幸福之间，谁更重要？我选择什么？

2020年11月15日

自由，是教育创新的前提条件

2017年1月23日下午，成都一群热爱教育的志同道合者和来成都度假的杨东平教授一起开了一个小型座谈会。主题是"教育创新与教育现代化"。下面是我的即兴发言。

我先接着刚才说的"减负"谈谈我的看法。现在中小学生的学习负担很重，这是不争的事实。有老师说，学习不可能一点负担都没有，我们要减的是不合理的负担。我认为，"负担"这个词在通常的运用中，其含义就是"不合理的负担"，所谓"不合理"有三：第一，不科学，违背教育科学，无助于学生掌握知识，甚至起相反的作用；第二，无效，简单机械地重复练习；第三，被动，即学生是被动地接受负担。如果学习任务是符合教育科学的，是以一当十的有效练习，学生是主动学习，且乐于学习，那么这样的学习任务，就算是很多，也不能说是"负担"。陈景润一天到晚都在小屋里演算数学题，他一点都不觉得是"负担"。

要真正实现"减负"，目前的可能性几乎没有，我是很悲观的。因为在我看来，要做到真正的彻底的减负，至少必须在三个方面同时进行：第一，个性化的教学，就是针对每一个孩子实施教学，布置和这个孩子知识基础、学习能力相适应的作业内容和作业数量。不可搞"一刀切"，只要符合个性，有的孩子给他布置一道题，而有的孩子给他布置十道题，都是合理的量。第二，个性化的评价，就是不只是用分数这把尺子衡量孩子的成长，还可以有许多把尺子，综合全面地评价孩子。分数当然是其中一把重要的尺子，但就算是分数评价，也不要用统一的试题和分数评价所有的孩子。第三，个性化的升学，不要把所有孩子都往重点大学赶，也不要把所有孩子都往普通大学赶，甚至也不用把所有孩子都往大学赶。要根据他们的个性、特点、兴趣、气质、意愿，或大学，或高职，或技校，因此个性化升学，实质上是个性化就业。当然，这需要全社会观念的转变。只有这样，学生的"负担"才可能真正减下来。但至少目前，我看不到这样的希望。

好，说到"教育创新"，我想到我上午刚好在写一篇文章，还没写完，题目是"侈谈'教育创新'至少是一种无知"。这是我重读吕型伟先生一篇谈话的感想。2003年，吕型伟先生就说："要谈教育创新吗？先学点教育史吧！"他梳理了世界近现代教育史，说明我们今天的许多"教育改革"，其实几百年的教育先贤们就在做了，比如"愉快教育"，几百年前就开始有人做了。因此，我今天写这篇文章的意思是想问，我们是在什么意义上或者说什么层面上讲"教育创新"？如果是在根本的教育理念上讲"教育创新"，我认为几乎没有什么空间了。从亚里士多德到陶行知，教育真理基本上被中外教育家说透了、说尽了，供我们"创新"的空间实在是有限。而教育真理就那么几条，"以人为本"呀，"因材施教"呀，等等。所以，有人动辄就声称自己"创立"了什么"全新"的教育理念，"第一个"提出了什么教育概念，这简直是无知，如吕型伟先生所说："连世界纪录是多少都不知道，却敢说自己打破了世界纪录。"

现在，教育上许多概念是混乱的，比如"特色"。一个学校有特色当然是很好的，但现在的问题是，许多学校的"特色"是假的，因为上面要求每一个学校"必须有特色"，学校只好随便报一个新的概念。有的"特色"，就内容而言倒不假，但那并不是特色，而只能说是"长项"。比如，一个学校说"篮球运动是我们学校的特色",因为该校的篮球运动开展得很好,而且经常夺得比赛大奖。可是,别的学校也有篮球运动啊,只是没有你学校好,这怎么能说是你学校的特色呢?你做得比别人好,成果比别人突出,这只能说,篮球运动是你学校的"强项",或者说"亮点",不能说是"特色"。青岛三十九中开发了一门"特色课程",那真是人家的特色,因为其他学校没有,就是"海洋课程"。也只有他们学校才能开发这门课程,因为该校背靠中国海洋大学,面对大海。这就是真正的特色。可是,现在几乎每个学校都在说自己"有特色",这里面有多少是真的特色?

好了,说回"教育创新"这个话题。我刚才说了,从教育思想层面谈创新,恐怕难。但是,如果这个"教育创新"是指教育手段、教育模式、教育方法、教育机制等的变革,我认为是可以的。比如现在的信息化时代,对我们的教学方式、课堂形式甚至学校形态都产生了影响,从这个意义讲"教育创新"是可以的。创新,是对教育弊端的革除。我认为,自由是教育创新的前提。就我所熟悉的基础教育而言,具体体现在以下四个方面——

第一,大幅度地提高教师的待遇。教育的所有问题最终都得靠教师去解决,因此国家应该设法让最优秀的人来当教师。我曾经有一个错觉,觉得现在愿意当教师的人很多很多,因为二十年前到学校应聘的人并不多,而现在,每年公招教师,报名者十分踊跃,报考人数远远超过了实际招收的人数。可是所有应考者中,真正拔尖的优秀人才是少数甚至个别,多数则并非综合素质上乘的,很多人并不是真心热爱教育,只是觉得教师毕竟有比较稳定的"铁饭碗"。而且有的人在报考教师的同时,可能还报考了其他行业,最后他还不一定来从事教育。因此,我们要想办法吸引我们国家最优秀的人当老师。如何吸引最优秀的人才进入教育领域?当然不只是物质待遇,但较高的待遇肯定是最重要的条件。但实际上,现在的教师待遇并不高,有的地方还相当低,至少和公务员比起来,实际收入要低得多。我最近准备做一件事,搞一个调研,用数据说明教师目前真正的待遇究竟如何。

第二，给办学者以自由。现在的校长一点自由都没有，我这里说的"自由"，首先是办学思想的自由，其次是调进优秀教师的自由，还有管理学校的自由，支配自己的时间的自由，等等。现在的校长被各种因素制约着，有想法也无法实施。举个简单的例子，刚才徐局长说他二十多年前大学毕业去公办学校应聘时，只要校长满意，马上就可以拍板决定要他。现在可能吗？现在哪个学校的校长敢说，他看中了的老师就能调进来？武侯区教育局在川大附中西区学校搞"两自一包"的改革获得成功，就是给了校长以自由。其实，严格说起来，这还谈不上真正意义上的改革，因为"两自一包"不过是办好一所学校起码应该遵循的常识而已。难道校长不应该自主管理学校吗？难道校长不可以自主招聘老师吗？把这些自由还给了学校，哪有办不好的道理？有了自由，校长才有可能放开手脚搞教育创新。

第三，给教师以教育教学的自主权。现在教师也被管得太死，严重束缚了教师创造力的发挥。当然，学校必要的管理制度是应该有的，教育教学秩序必须得到保证。比如，教师不能旷课，上课不能迟到，作业必须批改，等等，这些基本的纪律要求是应该的，也是必须的。但是，具体到课怎么备？怎么上？教案怎么写？作业怎么改？班级怎么管理？等等，则应该对不同的老师有不同的要求，不可一刀切。比如，刚入职的年轻老师，那对备课、写教案肯定就有比较具体的规范性要求，而对有一定教龄和经验的成熟教师，则可以把要求放宽，对那些非常优秀的教师，甚至可以不提任何教育教学的要求，管他写不写教案（不写教案，或写简案，不等于他没备课），管他用什么方法上课，给他自由！班主任如何带班？如何开班会课？教室里如何布置？歌咏比赛唱什么歌？等等，给他点自由，让他去随意发挥。有了自由，有了自主权，课堂和班级才会成为教师创造的舞台。

第四，评价的多元化。现在为什么教育创新被严重窒息？大家都说，是因为高考指挥棒。我认为的确是这样的。以中高考成绩论英雄，一考定终身，分数决定命运……这一切都"指挥"着学校教育的方方面面，因为一切都为分数服务，哪敢有半点"创新"？可怕的是，每一个人——校长、教师、家长，都合伙用分数去压迫学生，我们却找不到责任人！因为每一个人都说"自己是无辜的""我也没办法""我是为学生好""你以为我愿意这样吗"……教师说，是校长在逼我，校长说是局长给我下达的质量指标，局长说整个社会都在看着我。其实，"责任承担者"就是单一的评价方式。能不能让评价多元化？能不能不仅仅用分数评价学校、评价老师、评价学生？能不能让能上大学的上大学，能读职高的读职高？能不能建立一种更综合的、更科学的、更全面的而且可操作的教育质量评价体系？评价的多元化，将解放并释放校长、教师和学生的创造力，教育必然充满活力。

2017 年 1 月 23 日

难道我们真的被应试教育逼到死角了吗？

一

前不久，给衡水中学自贡衡川实验学校的新教师做培训，谈到"做一个好老师难不难"这个问题时，我说了这么一番话——

应该是很难。你们想，一个好老师，必须有高尚的人格、渊博的学识、全面的能力，等等。具备这一切，还需要不断努力，持续提升，终身学习。所以很难。

不过从某种意义上说，也不难。为什么呢？只要经常想想两个问题："假如我是孩子，我希望遇到怎样的老师？或者，假如是我的孩子，我愿意把他交给怎样的老师？"那你就努力去做这样的老师。如果有这样的设身处地，自然会心甘情愿地去努力，去提升，去学习，做这一切你都不会觉得很难。

苏霍姆林斯基有一句话，朴素、感人而深刻，大意是，一个优秀的老师，一刻也不会忘记自己曾经是个孩子！在座的年轻老师，几年前还是学生，你们想想，你遇到过哪些好老师？你就去做那样的老师。你遇到过哪些你讨厌的老师？你就千万要避免成为那样的老师。你们读小学、读中学时一定遇到过许多有爱心的老师，那么你们现在就把自己曾经承受过的爱献给你现在的学生。当然，也许你们还曾经遇到过没有爱的老师，歧视你、冤枉你、辱骂你,那你现在千万不要把这一切也加在你的学生身上。

二

我问大家对我这个说法有什么想法,让大家互动讨论一下。

结果前排一位漂亮的女孩一下就举起了手要求发言。于是我请她先说。可是,她站起来后,迟迟不说话,只是看着我,眼睛里蓄满了泪水,慢慢地泪水夺眶而出。沉默了一会儿,她一边用手擦着眼泪,一边带着忍不住的哭腔说:"李老师刚才说的,让我想到了我的中学时代……"

她又说不下去了,平息了一会情绪,她讲述了她中学时代的一段遭遇——她遇到一位很势利的老师,对学生的评价只看分数,并以此决定和学生的亲疏,因为她的成绩当时不算好,便被白眼,被歧视,被冷落,甚至被羞辱……

她在倾诉的时候,一直在流泪。

三

她说完之后,我评论道——

谢谢这位老师对我的信任!这么多年过去了,你还记得这位老师,可见她给你的记忆有多么深刻,而这些记忆对你来说是痛苦的,不堪回首的。我相信,因为你有这段经历,你一定会设身处地为你的学生着想,更理解他们,更爱他们。若干年后,他们想起你的时候,一定有许多温馨的记忆。

但我要说,这位老师也许并不是一个坏老师,虽然面对你她很凶,或很冷漠,但换个角度,她也许是一位慈爱的母亲,一位温柔的妻子,一位孝顺的女儿,一位友善的同事……但当她站在讲台上时,便被现行教育体制"格式化"为应试教育冷漠甚至冷酷的助纣为虐者。

是的,站在她的角度,她的功利、势利以及因此而产生的冷酷都是可以"理解"的,因为上面要用分数考评她,这个考评可能会决定她的期末绩效或年终奖,可能将决定她是否能够通过即将到来的职称晋升,当然,还关系到了她在学校的尊严——一个所教班级成绩排名靠后的老师，在同事面前是抬不起头的。

我不敢说，这位老师有多大的代表性，但我可以肯定地说，这样的老师在当今中国绝非个别。很多善良的老师，在应试教育的逼迫下，变得心肠坚硬，语言尖刻。也许他们也有心肠柔软的时候，也同情体谅过孩子，也为自己"逼迫"孩子有过纠结，甚至夜深人静时扪心自问也内疚过。但最终他们找到了"解脱"的理由：我没办法，整个教育制度就是这样的，我同情学生，谁来同情我？校长可不会因为我有"爱心"而不用分数来考核我——少一分都不行！所以，他们在狠下心对孩子"精神施虐"时，会在心里说：孩子，别怪我无情，我实在是没办法，要怪就怪这个教育体制吧！

从此以后，他们对孩子们的斥责、辱骂甚至"动手"，都没有任何心理负担了。

我曾经激愤地用"逼良为娼"一词来解释在目前教育体制下许多曾经心怀纯真的老师迅速同流合污甚至"堕落"的原因，即所谓"环境改变人"。但我同时又想，难道我们每一个老师真的已经被逼到了死角，没有一点点富有弹性的空间了吗？

四

今年1月，我去了原民主德国的柏林墙遗址，感慨万千。

德国柏林墙倒塌的前两年，守墙卫兵因格·亨里奇射杀一位企图翻墙逃向联邦德国的青年克利斯。德国统一后，他在1992年2月受到了审判。

格·亨里奇在受审时申辩："军人以服从命令为天职。我也没有办法，除了执行上级的命令，我别无选择。"他的律师也以这个理由为他辩护。

法官却说："作为军人，不执行上级命令是有罪的，但打不准是无罪的。作为一个心智健全的人，此时此刻，你有把枪口抬高一厘米的主权，这是你应主动承担的良心义务。这个世界，在法律之外还有'良知'。当法律和良知冲突之时，良知是最高的行为准则，而不是法律。尊重生命，是一个放之四海而皆准的原则。"

最终，卫兵亨里奇因蓄意射杀被判处三年半徒刑，且不予假释。

所谓"一厘米的主权"的说法即由此而来。

那么，我们老师有没有自己的"一厘米主权"呢？当然有的。在应试压力下，我们无法改变教材，改变考试，改变评价，但我们至少不要变本加厉，相反我们应该尽量通过自己的教育智慧，适当给孩子减轻点来自学习的恐惧，用我们成人的肩膀为孩子承受住一些来自各方面的压力，让他能够在课堂上开心一些，在班级里快乐一些。对他们说话柔和一些，对他们的眼光温暖一些……这就是我们的"枪口抬高一厘米"。

讲到这里，老师们都为我这话鼓掌，这掌声表明这群年轻人已经和我产生了共鸣。

五

因为时间原因，我还有很多想对他们说的话没说完。

我想向他们推荐苏霍姆林斯基的这段话："尊敬的教育者们，请时刻都不要忘记：有一样东西是任何教学大纲和教科书、任何教学方式都没有做出规定的，这就是儿童的幸福和充实的精神生活。"

而现在的教育，恰恰是要求所有学生必须在同一时间内，达到统一标准，这是许多学生（还不仅仅是"后进生"）根本没有"幸福和充实的精神生活"的主要原因之一。假如我是孩子，假如是我的孩子，显然是不可能享受教育的"幸福和充实的精神生活"的。

写到这里，我估计有人又会说了："您这个专家真是站着说话不腰疼！纸上谈兵谁都会，您来带个班试试？"这是一些所谓"一线老师"抵御所有先进教育思想的富有"杀伤力"的"武器"。不过对我没用，因为我有几十年的教育经历，我有带"后进生"丰富的实践，因而我有资格这样说！

是的，不要说这是做不到的，我曾经担任过集中了几十个全年级最差学生的"差班"的班主任，在这个班，我严厉批评过学生（教育不能仅仅是和颜悦色，严厉的批评也是爱的一种体现），但没有辱骂过任何一个孩子；我严厉处罚过学生（教育不能没有处罚，没有处罚的教育是不完整的教育），但没有体罚过任何一个孩子。

这些顽童不止一次把我气得发抖，但我依然想方设法走进他们的内心。顽童们只要有了一点点进步，我都带他们去公园玩，和他们一起摔跤斗鸡，摸爬滚打，请他们吃火锅……其实最后他们中也有人并没有考上高中，但在我班上的日子里，他们知道了"居然还有不打我的老师"（这是一个学生的原话），享受了富有人道主义情怀的尊重，并获得了人的尊严和受教育的快乐。

我们许多老师都学过驾照，可能和我有过类似的体验：学习驾驶的过程，就是当"后进生"的过程，觉得自己笨，很自卑，因为很简单的操作都老出错，于是被师傅骂，自己还不敢还嘴……我很自然就想到我班上的"后进生"了。

所以善待"后进生"，首先是要把自己想象成他们中的一员，进而设身处地地想想，如果我听不懂课也做不完作业，会有怎样的心理？实践告诉我，要让这些看似"无可救药"的学生拥有"幸福和充实的精神生活"，必须从每一位"后进生"独特的精神需要入手。

六

对，就从这里入手。

平时上课老坐不住的陈元兵，有一次课堂上居然偷偷地在抽屉里"研制"炸药，结果引燃了书包，差点儿造成恶性事故。我严肃批评教育他后，主动给他介绍一位化学老师，让陈元兵"好好从基础学起"，结果他不但课堂"老实"多了，而且居然逐渐迷上了化学。

伍锐课堂上耍蛇，吓得全班同学不敢进教室，我介绍他与生物老师交朋友，后来生物老师叫他当科代表，还让他参加了生物课外兴趣小组；文建国上课从来不听讲，说是"听不懂"，但他对小制作特别入迷，所有的零花钱几乎都用来买车模零配件，于是，我专门嘱咐物理老师，请他指导文建国搞各种小制作，并让其参加各种小制作比赛；万同一上课便睡觉，我也看不出他有啥兴趣爱好，于是，我给他推荐既有教育意义又有精彩情节的长篇小说《烈火金钢》，叫他在课堂上抄这部小说——现在我家里还珍藏着他当年毕业时送我的《烈火金钢》手抄本。

……

曾有同事对我的这些做法不理解："这些学生的学习本来就够差的了，你还如此迁就他们，毕业考试怎么办？"我的回答是："我不这样做，他们仍然毕不了业；而根据他们的个性，发展其爱好，这不但能使他们或多或少学点知识，而且还能引导他们的做人。"

这当然需要勇气，这个勇气就是"无视"或者说"超越"学校以及上级包括社会某些功利的"评价"。无所谓——不就是影响我评职称吗？（后来我果真很晚才评上高级职称）不就是不给我评先进吗？（很长一段时间里我的确没有啥荣誉）不就是不给我提干吗？（所以我年轻时连教研组长都没当过，46岁那年直接由普通教师提拔当校长）不就是不发展我入党吗？（所以我至今还是"群众"）……

教育的良知就在于此。这就是我坚守的教育的"一厘米的主权"。

七

我再次想到了伟大的苏霍姆林斯基的精辟论述——

"我在学校里对儿童、少年和青年的几十年工作，使我得到一条深刻的信念：人的天赋、可能性、能力和爱好确实是无可限量的，而每一个人在这方面的表现又都是独一无二的。自然界里没有一个这样的人，我们有权利说他是'无论干什么都不行'的人。共产主义教育的英明和真正的人道精神就在于：要在每一个人（毫无例外地是每一个人）的身上发现他那独一无二的创造性劳动的源泉，帮助每一个人打开眼看到自己，使他看见、理解和感觉到自己身上的人类自豪感的火花，从而成为一个精神上坚强的人，成为维护自己尊严的不可战胜的战士。"

还是回到那两个朴素的"假如"：假如我是孩子，假如是我的孩子……

2019 年 7 月 8 日

素质教育堵死了贫寒子弟上升的唯一通道吗?

一

这是我读过的一篇文章:《素质教育,会把寒门子弟永远挡在上升通道之外!》。

当然,类似更多的话并不是直接指向素质教育,而是这样说的:"如果取消了考试,农家子弟将失去上升的最后通道!""就目前来说,高考无论有多么不科学,但依然是相对最公平的制度。""高考是最后一道公平的底线。"……这些说法都是在肯定应试教育"合理性"的前提下说的,因此潜台词依然是对素质教育的否定。

还有一篇据说是农村孩子写的文章,题目是"你要你的素质教育吧,我只想上清华"。这个标题,就很容易引起人们的强烈共鸣。

是的,所有善良的人,或者说有着起码良知的人,面对类似的说法都不会无动于衷。我坚信,持这种观点和说这些话的人,往高里说,都是真诚的人道主义者;往低里说,都有着深深的平民情怀。我们都不希望学校教育成为阶级(现在一般说"阶层")固化的工具,不是少数精英和贵族的"奢侈品",而是实实在在为普惠平民百姓提供的服务。

有人说:"教育,是底层百姓除了造反之外,改变命运的唯一途径，也是最便捷的途径。"西方人爱说"天赋人权"，受教育权也是人权的一部分，因此接受良好的教育，包括良好的高等教育（考上大学），是任何公民不可剥夺的权利。"王侯将相，宁有种乎？"

正因为如此，我对本文开头提到的种种说法，深深地表示理解。是呀，如果我们所倡导的"素质教育"只是"锦上添花"地助力于"上层精英"或城市孩子，而忽略了"雪中送炭"，冷落了广大底层的孩子，这样的教育不要也罢！祖祖辈辈面朝黄土背朝天的农家子弟不会弹钢琴也没有机会拿这个大奖那个金牌，更没有"拼爹"的资本，他们唯一拥有的是勤奋与刻苦，并凭借这个在考场上一分一分地拼，然后走出贫瘠的大山。

二

但是，所谓"素质教育堵死了贫寒弟子上升的唯一通道"之类的说法，都立论于一个假象的前提：素质教育是不要考试的，素质教育意味着取消高考。因此，持论者犯了一个逻辑错误，先把"考试"完全排斥在素质教育之外，然后再对素质教育大加抨击。

不少人都把有无考试视为素质教育和应试教育的根本区别，在这个错误的前提下，自然就会有种种似是而非的糊涂认识。

当然，早就有学者指出："素质教育和应试教育是不那么科学准确的概念。"甚至还有人说："素质教育和应试教育本身就是一个伪命题。"从学理上说，这一对概念当然还有讨论的空间。著名学者郑也夫就曾指出，"素质教育"从概念的内涵上说就是有问题的。我也曾经写过一篇文章，题目叫作"素质教育是一个荒唐、无奈而必须的概念"。

但二十多年来，大家都这样说这样写，其特定内涵也约定俗成。所以我们今天就不讨论这两个概念本身是否"科学""合理"了。如果真要深入探讨，那是另一篇博士论文的任务。

既然从党和政府的关于教育的文件到一线教师的日常总结，我们都已经习惯了用"素质教育"和"应试教育"来表述两种不同的教育思想和教育模式，那么今天，我想用最通俗简洁的语言说说二者的本质区别。

三

其实我说的不过是常识——

素质教育包含了应试，且追求考试成绩。因为既然是教育，就必然有考试，没有考试的教育就不叫教育——当然我这里特指"学校教育"。而既然有考试，当然就得应对考试，简称"应试"；而既然有"应试"，自然就得追求尽可能高的考试成绩，包括考上清华、北大的成绩。在这一点上，素质教育和应试教育是完全一致的，素质教育并不影响任何学生"上清华"。

所以，我们要理直气壮地谈应试和升学率，这没有什么理亏心虚的。有的学校生怕被指责为"搞应试教育"而讳言应试和分数，那是不自信。面对所有学生（而不只是少数"尖子生"）抓升学率不可耻！

但素质教育又不仅仅是考试和应试成绩，还有应试和成绩以外更丰富的素养，比如情感、态度、价值观，等等。这些虽然都是现行考试制度无法测量的，但很重要，非常重要，相当重要！对此我就不多说了。

我想提醒误解素质教育的人，你们不能先把"应试"这个教育的固有属性从素质教育中剥离出来，然后对之大加讨伐："没有考试，还叫'教育'吗？"可是，素质教育本来就有考试的呀，是你硬说素质教育不要考试的嘛！相当于一个人明明穿了衣服，你却冲上去把人家的衣服扒光，然后抨击和嘲笑他："这个人，连衣服都不穿，还好意思叫人吗？"

四

有人会问："既然素质教育也有考试，那和应试教育有什么区别呢？"

好，我再来说应试教育。应试教育的错误不在有应试——我上面说了，应试有什么错呢？只要是教育，就应该理直气壮追求应试。

但我们之所以用"应试教育"这个概念，是因为这种教育只追求应试：考什么教什么，不考就不教。这样的教育就是畸形的教育。不少学校的课程直接对着中考、高考科目，与中考、高考科目无关的，一律不开设，或者仅仅存在于教室墙上的课表上，以便应付上级检查。

这样的学校，已经没有教育了，只有"教考"；这样的校园，也没有学生了，只有"考生"。所以我们批评应试教育，不是批评应试，而是批评只有应试。

我再打个比方，盐对人的身体非常重要，不可缺少，所以我们必须吃盐；但对我们身体很重要的不仅仅是盐，还有其他营养元素。所以我们虽然必须吃盐，但绝对不能仅仅吃盐。如果一个人只吃盐而其他什么都不吃，我们自然要提醒甚至批评他。假如他这样来反驳我们："我是人，吃盐错了吗？难道我不应该吃盐吗？不吃盐，我还叫人吗？"这是不是很荒唐？因为我们并不是批评他吃盐，而是批评他只吃盐。同样的逻辑，我们并没有批评应试，我们批评的是"只应试"。

简单总结我上面所说，素质教育并非取消考试，相反，没有基于所有学生（注意，我一直强调"所有学生"）原有学习水平提高的考试成绩（当然包括高考和中考），就不是完整的素质教育。

可见素质教育就包括了让能够考上清华的孩子上清华，而应试教育的要害，不是有考试，而是仅仅有考试，除了考试别无他求。

五

还有一句貌似正确的话也经常听一些教育者说："其实呀，素质教育与应试教育是不矛盾的。为什么要将二者人为地对立起来呢？好的教育，总是要在素质教育与应试教育和谐统一，达到一个平衡。"

不对，不对。素质教育与应试教育有着完全不同的教育指导思想和教育目的。前者着眼于人的全面成长，而后者只着眼于人的片面而畸形的发展。一个要"全面成长"，一个要"畸形发展"，你说这二者如何"和谐统一"？

这个"对立"不是"人为的",而是客观存在的。

顺便说一下,有人振振有词地说:"难道应试能力不是一个人应该具备的素质吗?"当然是,但如果只培养人应试的能力,这样的"素质"再高,对于一个人来说也是畸形的。

素质教育包含了应试,但"应试"不等于"应试教育"。所谓"二者统一""不矛盾""可以达到平衡"等观点混淆了"应试"和"应试教育"的概念。"应试"是学校教育必不可少的一个内容和环节,而"应试教育"则是一种片面畸形的教育模式。

似乎应该这样说:"素质教育和应试(注意:是'应试'不是'应试教育')不矛盾,二者完全可以统一起来。"嗯,比起"素质教育和应试教育不矛盾"的说法来,这样说是一个进步,但依然不准确。

因为这个说法,还是把"素质教育"和"应试"看作两个主体,只是二者"不矛盾"。不对,我再重复一遍:"素质教育就包含了应试。"是一体的。既然是一体的,何谈"将二者统一"?肝脏是人体内的一个器官,而不是外置于人体的东西,我们能说"肝脏和人体其实是不矛盾的,二者完全可以和谐统一"吗?

六

也许有人又会说:"应试教育实打实,看得见摸得着;而素质教育只是一个概念而已,缺乏操作性!你能够说出一个搞素质教育的学校吗?哪怕是一个!"

所谓"素质教育只是一个概念",显然是把素质教育理解得太高大上了。我不想在此进行烦琐的论证解释,我依然想用朴素的语言表达我对素质教育在操作层面的理解——

只要目中有人,就是素质教育!

再说具体些,所谓"目中有人",就是把学生当人——全面发展,注重人格、尊重个性、培养创造力，就是有人的气息、人的情感、人的尊严、人的温度……大到一所学校的课程开发、教材建设、评价创新、教学改革等，都要有"人味儿"，小到一位老师在发试卷时不动声色地把角卷上再发给没考好的学生——这个细节正体现出了浓浓却不露痕迹的人情味。这就是目中有人，这就是素质教育。

我们不要因为某些学校的升学率高，就说人家是"应试教育"，素质教育同样追求很高的升学率。这不是关键，关键是教育有没有"人"的含量。

我愿意重复我说过的一段话："不管素质教育的内涵多么丰富，它都指向人的全面而主动的发展。只要心中随时真正装着'人'——人的心灵、人的个性、人的尊严、人的未来……而不只是分数，那么你教育的举手投足，时时刻刻都是素质教育。"

七

回头再看这些话："素质教育，堵死了贫寒子弟上升的唯一通道！""如果取消了考试，农家子弟将失去上升的最后通道！""就目前来说，高考无论有多么不科学，但依然是相对最公平的制度。""高考是最后一道公平的底线。""你要你的素质教育吧，我只想上清华！"……是不是在理解上有片面偏颇之处，甚至在逻辑上也不那么严谨呀？

放心吧，真正的素质教育，不可能废除任何考试制度（更别说高考），因为它本身就必然包括了应试，它在注重学生全面发展的同时，必然追求让不同层次的学生都能够在学业上尽可能提升，帮助每一个孩子找到自己"上升"的通道，包括上清华。

2019 年 7 月 19 日

后　记

整理完书稿，似乎还得说几句。

书名为《为了更好的教育》，但"更好的教育"究竟是什么，书中好像没有具体的解释。

"更好的教育"是什么？答案似乎是明摆着的。"更好的教育"一定是有灵魂的。

教育家夏丏尊曾把教育比作掘池，挖出什么形状的池塘不是最重要的，最重要的是这池塘里必须有水。他说："教育上的水是什么？就是情，就是爱。教育没有了情爱，就成了无水的池，任你四方形也罢，圆形也罢，总逃不了一个空虚。"所以，我们说爱是教育的灵魂，恐怕不会有争议。

没有爱就没有教育，但是有了爱就有了教育吗？高尔基曾说过："爱孩子这是母鸡也会做的事，但要善于教育他们，却是一桩伟大的公共事业。"所以，只有爱也没有教育，还要有"善于教育"的智慧。可见，教育的灵魂不是单一的。

所谓"善于教育"，我理解，至少有两点——

第一，要明白教育的本质，即教育和别的行业最根本的不同之处。有人说教育的特点是与人打交道。不对，医生也与人打交道。而教育是与成长中的人打交道，与他们的精神打交道，促进儿童的精神发展，这就要求教育者必须尊重儿童发展的规律，要以儿童的眼光去观察他们，尊重他们，理解他们，陪伴他们，在这基础上帮助他们身心健康地成长。

第二，要具备教育的艺术，就是教育过程中所必需的能力、方法和技巧，而这能力、方法和技巧，又是针对不同儿童的"私人定制"的，即"一把钥匙开一把锁"。教育当然有普遍性原则，然而所有教育原则都是具体的——任何教育的"绝招"，都是对具体情境下具体儿童的具体行为，因而都是"一次性"的对症下药。公式化、模式化的"教育"不叫教育。

所以，教育的灵魂还包括也必须包括智慧。

教育，从来就不是孤立的，它总是与社会与时代紧密相连，与一定历史阶段的政治、经济、文化等因素息息相通。所以，教育单单讲爱心与智慧，恐怕还不够，还得有视野、胸襟和思考力，即格局。

很多年前，我曾说过一句话："用思想者的眼睛打量教育，以教育者的情怀感悟世界。"教师是知识分子，知识分子应该装着天下。他一刻都不应该忘记，要把眼前的孩子带向何方。这就必然要求教育者将教育与社会打通，因为社会发展的方向，就是教育发展的方向。陶行知说："生活即教育，社会即学校。"在他看来，万事万物无不联系着教育，无不包含着教育。

最近，唐山某烧烤店打人事件轰动全国，我写下《如此残暴，必须严惩》的短文。文中写道："行凶作恶者毕竟是少数甚至个别，但他们得以存在的社会土壤，我却随时能够感受到，这就是弥漫于我们现实生活和网络世界的某种戾气。……一个无原则崇尚'暴力'，膜拜'强者'，只讲'输赢'的社会，类似于唐山烧烤店打人的残忍事件，是不会绝迹的。"

我谈的难道不是教育吗？

我想到了王国维在《人间词话》中谈到"有我之境"时说："以我观物，故物皆著我之色彩。"我套用这句话似乎也可以说，以教育者的眼光看世界，万事万物无一没有教育的色彩，或者干脆说，无一不是教育。本书汇集了不少看似与教育"无关"而实则依然联系着教育的文章，就是这个原因。

真诚的爱心、丰富的智慧与开阔的格局，就是教育的灵魂。

感谢江西教育出版社帮助我把我对教育的理解，呈现给各位读者！

感谢打开我这本小书的每一位读者！

2022 年 6 月 29 日